米粉を使用。
砂糖と油控えめ、
からだにやさしい

ほぼ
100均道具で
パティシエ級
おやつ

室崎さゆり（ぺぽ）

JN241078

SHUFUNOTOMOSHA

- 4 はじめに
- 6 この本の特徴
  気軽に作ってほしいから
  おやつ作りのハードルをとことん下げました
- 8 必要な道具は4つ、代用も可
  この本で使う道具類。ボウル、
  泡立て器、ゴムベラと、はかるものがあればOK
- 10 特別なものは何もなし
  この本で使う材料はスーパーと100均でそろいます！
- 12 パティシエだけが知っている
  失敗しない作り方のコツ
- 14 まずはココをチェック
  この本で作るときは……

Part 1
まぜるだけ
オーブンなし
フライパン、レンチンで！
簡単！ ハードル低めな おやつたち

- 16 やってみて！ 大さじ小さじだけ、まぜるだけ、レンチンでできる！
  ふわふわ踊る蒸しケーキ・蒸しパン
  - 大さじ小さじで作る ふわふわたまご蒸しケーキ — 16
  - 大さじ小さじで作る 分厚すぎるチーズ蒸しパン — 18
  - 大さじ小さじで作る いちごのもっちり蒸しケーキ — 19
  - 大さじ小さじで作る ジンジャーレモン蒸しケーキ — 19
  - 米粉の食パントースト風 — 20
  - 豆腐のむっちり蒸しパン — 21
  - アメリカンドッグ風蒸しパン — 21
  - 大さじ小さじで作る
    おからのしっとりバナナケーキ — 22
- 23 トースターで1人分！ 食べ切りレシピ
  - サクサクメープルクッキー — 23
  - ザクザクすりごまクッキー — 23
- 24 トースター、レンチン大活躍！
  朝すぐ作れるクイックブレッド
  - 大さじ小さじで作る
    簡単すぎるバナナブレッド — 24
  - 好きな具材で即席惣菜パン — 26
  - レンチンむっちりベーグルサンド風 — 27
- 28 フライパンでもケーキが作れます
  - 焼きいもとりんごのケーキ — 28
  - 梨と紅茶のキャラメリゼケーキ — 29

- 30 秒で作れる！ ちょこっと甘いおやつ
  - 材料2つのきな粉あめ — 30
  - ほろ苦キャラメリゼ餅 — 30
  - 和風キャラメルポップコーン — 31
  - 止まらぬ大人のコーヒー節分豆 — 31
- 32 魅惑のぷるぷるおやつ
  - 生チョコ風わらび餅 — 32
  - ぷるぷる豆乳わらび餅 — 33
  - はちみつレモンわらび餅 — 33
- 34 大好きな和菓子を自作しよう！
  - スイートポテトまんじゅう — 34
  - ねっとりなめらかいもようかん — 35
  - サクもち！ でか大判焼き風 — 35
- 36 冷やして固めるだけ！ つるるんデザート
  - とろける♡いちごのレアチーズ — 37
  - スッキリあっさりみかん豆乳寒天 — 38
  - ヨーグルトパイン寒天ゼリー — 38
- 39 袋でもむだけ！ 楽勝アイス
  - 豆腐のマシュマロ抹茶アイス — 39
  - バナナきな粉アイス — 39
- 40 うまくいかないときの対策 -1- **Q&A**

Part 2
手作りすれば罪悪感はぐっと減らせる
市販のあのおやつ風 どんなときでも食べられる おやつ

- 42 え、作れるの？ と驚かれる
  甘さ、油分を抑えて
  あのお菓子を作ってみよう
  - ココアクッキースモアサンド — 42
  - おからのザクザクスティック コンソメ味とトマト味 — 45
  - じゃがいもスティック — 45
  - 豆腐のハニー焼きチュロス — 46
  - ポンデケージョ — 47
  - カラメルシナモンビスケット — 48

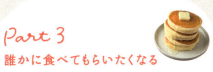

Part 3 誰かに食べてもらいたくなる
簡単なのにお店レベルのおやつ

68 おやつにも、朝食にも、甘いのも、塩味のも
マフィン
大さじ小さじで作る
卵なしのヨーグルトマフィン — 69
子どもと作れるバナナマフィン — 69
りんごたっぷりマフィン — 70
いちごとクリームチーズのマフィン — 70
キャロットマフィン — 71
かぼちゃカレーマフィン — 71

72 絵本みたいな分厚いパンケーキ
ふかふかパンケーキ — 72
ふわふわパンケーキ — 73

74 あっさり、ヘルシーで大優勝!
しっとりふわシュワ、スフレ
豆腐のショコラスフレ — 74
豆腐の抹茶スフレ — 75

76 焼き菓子代表、超定番レシピが手軽に
こんがりパウンドケーキ
0円おやつ! かぼちゃの種 — 76
黄金のはちみつパウンドケーキ — 77
かぼちゃのパウンドケーキ — 77
玉ねぎとツナのごちそうケークサレ — 78
材料5つ! もちもちバナナブレッド — 79

フレッシュ果実のグミ — 49
甘栗のメープルバターモンブラン — 50
濃厚かためイタリアンプリン — 52
たまごとココアの蒸しパン — 53
ジャムサンドクッキー — 54
カルボナーラスコーン — 55
きび砂糖のスノーボール — 55

56 低カロリーで食べやすい!
罪悪感ゼロおやつ
ヘルシーティラミス — 56
レンジで1人分寒天 — 58
緑茶と甘納豆のクーロンキュウ — 58
おからのザクザククッキー — 59
おからのねぎみそチップス — 59

60 食欲がないとき、体調がすぐれないときに
からだにやさしい栄養おやつ
はちみつプリン — 60
はちみつにんじん蒸しパン — 61

62 生クリーム、卵白、卵液
余りがちな材料救済レシピ
生クリーム救済 チーズケーキ風アイス — 62
　　　　　　　 いちごのショートケーキ風アイス — 63
余り卵白救済 ほうじ茶ナッツクッキー — 64
　　　　　　 パリパリごませんべい — 64
余り卵液救済 1人分ココットキッシュ — 65
　　　　　　 スプーンで作るミニパンケーキ — 65

66 うまくいかないときの対策 -2- **Q&A**

80 とっておきレシピを蔵出し!
濃厚×さっぱり、
とろける×しっとりチーズケーキ
濃厚×さっぱり! はちみつチーズケーキ — 80
りんごのとろけるキャラメルチーズケーキ — 82
かぼちゃのしっとりベイクドチーズケーキ — 83

84 型なしで折りたたんで作る
サクサク最高! 型なしタルト
季節をたっぷりフルーツタルト — 85
パインとクリームチーズのタルト — 85
いちごのカスタードタルト — 86
型なしタルト用クラスト — 87
カスタードクリーム — 87

88 ふわしゅわしっとりの感動を
ロールケーキ
ふわしゅわミニロールケーキ — 89
きな粉のロールケーキ — 90
まるごとバナナロール・いちごロール — 91

92 感動の米粉のショートケーキ
デコレーション — 92
米粉のジェノワーズ(スポンジケーキ) — 93

94 うまくいかないときの対策 -3- **Q&A**

95 吸水率の違いで困ったら! 試しに買った米粉救済
どの米粉でも作りやすいおやき — 95

はじめに

この本を手にとってくださって本当にありがとうございます。

お菓子作りは好きですか?
それとも食べるほうが好き?

私はどちらも大好きです! 毎日でも作りたいし、食べたい。とはいえ、忙しくて作る時間はないし、材料費はかかるし、お菓子にしか使わないような特別な道具を買うのはちょっと……。何より、毎日甘いものを食べたら健康が心配、あと太る。ですよね!?(笑)

そこで、いつでも気軽に作ってほしいから、この本で紹介するのは、砂糖、油は控えめでからだにやさしい、身近な材料だけでできることにこだわりました。余らせて困るものや、ネットでしか買えない材料は使いません。また、道具類もほぼ100均(100円ショップ)でそろいます。

お菓子作りに特化した材料を使えば、もちろんおいしくできるけれど……。それをやりたくても、なかなかできない方もたくさんいらっしゃるんじゃないかな、と思ったんです。

大丈夫。お手ごろ価格な素材も工夫しだいで十分、化けます!

思い立ったらすぐ作れて、材料を余らせない、食べすぎることがないようにと、食べ切りサイズにすることにもこだわりました。オーブンじゃなくても、電子レンジやトースターでもできます。

ちょっと慣れたら挑戦できるよう、モンブランやプリン、マフィン、ロールケーキやパウンドケーキ、タルトやショートケーキなど、本格的なスイーツも紹介しています。

今までの知識と経験を絞り出し、何度も、何度も試作を重ね、妥協なしの「ちゃんとおいしくなる」工夫をこの本にたくさん詰め込みました。

そして、いつも食べるおやつなら、からだにもお財布にもやさしい、日常に寄り添うものでありたいと思っています。

SNSアカウントネーム「ぺぽ」の由来
親しみやすい名前がいいなと思って、ぺぽかぼちゃの「ぺぽ」からとりました。かぼちゃがとても好きなんです。エプロンもかぼちゃ色を選んでいます。

　私は製菓の専門学校を出てから、パティシエとして6年、朝から晩まで働き、お菓子の世界にどっぷりのめり込んだ生活を送っていました。そのとき、大好きなケーキを毎日のように、ときにはごはんのかわりに食べ、なんとびっくりからだを壊したんです（そりゃそうだ）。

　ハードな日々と栄養ガン無視の生活、それも原因だったと思います。胃もたれ、からだのだるさ、気持ちの沈み……だけどやめられなくて、また食べて……の悪循環。

「あれ？　大好きなはずのお菓子で私はなんでこんなに苦しんでいるんだろう……？」

　健康なからだのためには甘いものは食べないほうがいいのかもしれない。だけど、私はやっぱりお菓子が大好き！　なんとかして食べたい、作りたいという食い意地をこじらせた結果……たどり着いたのは【砂糖・油控えめのおやつ】でした。

　からだへの負担が少なく、食べたあとももたれない。派手さはなくても、じんわりほっとする、まるで家庭料理みたいな……そんなおやつ。罪悪感や制限にとらわれず、ただただ幸せな気持ちでおやつを楽しんでほしいから。

　どうかゆるりと気楽に、気になるものから作ってみてください。

「あ、これ好き！」

　そんなお気に入りレシピと出合えますように。その子があなたの定番おやつになれるとうれしいです。

「ぺぽ」こと室崎さゆり

\ この本の特徴 /

気軽に作ってほしいから
おやつ作りのハードルをとことん下げました

「これなら作れそう」と思えるような工夫を詰め込みました。
余らせて困るような材料、専門の道具はなくても大丈夫！100均で多くがそろいます！

油はギリギリまで減量して、胃にやさしく

食感やふくらみに影響を与える油。控えめでもパサパサにならないよう配合を工夫しました。ギリギリまで減量した分、型にくっつきやすいので、オーブンシートやシリコン加工耐油紙のマフィンカップなどを利用してください。

砂糖は市販品の約7割、できたてを楽しんで

砂糖を控えたおやつは時間がたつとかたくなりやすく、保存には向きません。砂糖は甘味をつけるだけではなく、しっとりさせたり保存性を高める役割があるためです。その日のうちに食べるのがいちばんおいしい、「お家で作ってすぐ食べる」用のレシピです。

砂糖ではなく、バナナの甘みを利用するレシピも。

材料はスーパー＆100均でそろう

自宅周辺のスーパーや業務スーパー（通称・業スー）でそろう材料を使っています。家からいちばん近い100均がダイソーなので、ダイソー製品が多くなっていますが、他の100均にもあるものがほとんどです。

食材の代用、NGを明記

食材の代用品……たとえば砂糖を別の甘味料におきかえるとか、乳製品を使わない場合なども記載し、食感や風味の違いも書きました。使えない材料がある場合は参考にしてください。

妥協なし！簡単おいしいレシピを追求

おいしくなければ意味がない！ 砂糖も油も最小限にしたうえで、味・食感・満足度は妥協せず、ヘルシーでも、お手ごろ食材でも、【ちゃんとおいしく作れる】ことを大切に、配合を調整しています。まずはレシピどおりに作ってくださいね！

道具もホームセンター＆100均で調達

型も容器も手に入りやすいものを使います。私が使用しているのも、ほとんどが100均やホームセンターで購入したもの。製菓専用の道具を持っていなくても大丈夫。代用できるものもあるので、気軽に始められます。

泡立て器は右が製菓専用、左が愛用している100均のもの。使えるヤツなんです！

使い切り＆残り物活用アイディアも豊富

卵白や生クリームは中途半端に余りがち。そのうち忘れて捨ててしまった……はもったいないので、余った食材の救済レシピも掲載しています。むしろ余らせるのが楽しみになるかも!?

フォロワーさん保存 BEST 5

順位	レシピ	保存数
1位	はちみつチーズケーキ(p.80)	9.3万人
2位	ふわしゅわミニロール(p.89)	5.5万人
3位	ふわふわたまご蒸しケーキ(p.16)	4.4万人
4位	分厚すぎるチーズ蒸しパン(p.18)	4万人
5位	サクサクメープルクッキー(p.23)	2.6万人

（2024年11月上旬現在）

\ 必要な道具は4つ、代用も可 /
この本で使う道具類。
ボウル、泡立て器、ゴムベラと、
はかるものがあればOK

道具類はいずれも
製菓用でなくても
十分です。
ほとんどが100均で買えるもの。
そろえるときの参考にしてください。

必要な道具は4つ！

1 ボウル
ほぼワンボウルでできてしまうけれど、大小のサイズ違いが1個ずつあると便利です。

ステンレスボウル
直径18cm：いちばんよく使うタイプです。
直径20cm：卵2個使うロールケーキはこちら。

耐熱ガラスボウル
直径15cm：甘栗クリーム、カスタードクリームなどで使用。電子レンジ用を1個持っていると何かと便利。ダイソーで買えます（220円）。

2 泡立て器
100均の泡立て器を愛用しています。卵1個など、少量を泡立てるにはこれで十分。

3 耐熱性ゴムベラ
製菓用ではなく100均で入手しました。フライパンで使うときは耐熱性を選んでくださいね。

4 はかるもの

電子スケール
0.1gまではかれるものが便利。はじめて作るときはまずは分量どおりに作ってみてください。

計量スプーン
大さじ、小さじは、すりきりではかれるタイプがいいです。計量スプーンや食材、状態によって重量が変わるので、計量スプーンを使うレシピでは重量（g）表示も添えています。

あったら便利な道具

ハンドミキサー、ハンドブレンダー
先端を変えればミキサーにもブレンダーにもなるスティック型のものを使用しています。豆腐や甘栗などをなめらかな舌ざわりにするためにハンドブレンダーを使用しますが、ない場合はザルに入れてゴムベラでこしてください。

タイマー
あると便利。スマホで代用可です。

使う型・容器

1 シリコン製保存袋
電子レンジ使用可能なダイソーの「シリコーン保存袋340ml」で。

2 丸型（12cm・15cm）
ダイソーなどの100均で入手可能な、底が抜けるタイプ。オーブンシートを敷き込んで使用。

3 パウンドケーキ型（18×9×6cm）
製菓用のステンレス製のパウンド型です。ホームセンターなどで入手。

オーブンシート
オーブンの天板や型に敷き込みます。

ココット、プリンカップ（6.5～7.5cm）
ダイソー、セリアなど100均で入手可能なものに分量を合わせています。

電子レンジ対応コンテナ
写真のものの他、400～480mlの電子レンジ用保存容器ならなんでもOKです。

ベーキングトレー（外寸32.5×23cm）
ダイソーのベーキングトレー（220円）です。近い大きさのロールケーキ型でも◎。

フライパン
直径20cmあればOK。ダイソーのフッ素樹脂加工されたフライパン。

その他

特別なものは必要なく、
いつも使っている品を活用してください。

ジッパーつき保存袋
クッキーまたは野菜の抜き型
めん棒
製氷皿（丸型・角型）
ラップ
アルミホイル
ポリ袋
キッチンペーパー

絞り袋
8切りの口金がついています。チュロス（p.46）、メープルバターモンブラン（p.50）に使います。

マフィン・蒸しパン用のグラシンケース（シリコン加工耐油紙）
ココットやプリンカップに入れます。くっつきにくいのでおすすめ。セリアにあります。

\ 特別なものは何もなし /
この本で使う材料は
スーパーと100均でそろいます！

業務スーパーやスーパー、100均にあるおやつの材料でOKなレシピです。
どんどん気軽に作ってください。

粉類

メインは業務スーパーの米粉

この本のレシピでは、お財布にやさしい業務スーパーの米粉（1kgパック）を使っています。米粉は商品によって吸水率が異なり、仕上がりや生地の状態が変わってきますので、他の米粉ではうまくいかないことがあります（p.40）。

ベーキングパウダー

入手しやすいもの、好みのものを使用してください。メーカーによってふくらみ方が変わったり、苦味が目立つものもあります。

コーンスターチ

なめらかなとろみをつけたり、クッキー生地では片栗粉と同様に使えます。

アーモンドプードル

焼き菓子で使います。風味、味をよくしたり、食感に軽さを与えます。

片栗粉

クッキー生地にまぜるとほろりとした口どけになります。わらび餅でも使っています。

タンパク質

油が少ない分、パサパサになりがちなところを豆腐やヨーグルトで補います。生おからはクッキーに使うとサクサクに仕上がります。

プレーンヨーグルト

豆腐

卵（M～L、正味50～60g）

生おから*

*冷凍できます。ジッパーつき保存袋に入れて平らにして冷凍し、使うときはめん棒などでたたいて割って、レンジで解凍してください。

水分

欲しい風味と体質に合わせて選んでください。牛乳はほぼすべてのレシピで無調整豆乳におきかえ可能です。

豆乳

牛乳

水

油分

この本ではほとんど米油を使用していますが、サラダ油など香りのないお好みの油でOKです。

砂糖

甘さだけでなく、保水性や保存性を高める役割もあるからゼロにはならないもの。この本ではできるだけ減らしていますので、でき上がり当日に食べてください*。

*保存についてはp.14参照。

その他の甘み

はちみつやメープルシロップを使用しています。はちみつについてはp.14も参照してください。

はちみつ

きび砂糖　　溶けない粉糖

バナナ

甘さ＆しっとり役を担うデキる子です。皮にシュガースポットが出ているくらい完熟したものがおすすめです。

塩

甘みを減らしている分、塩を入れて甘みを引き立たせています。以下の量を参考にしてください。

塩をしっかりきかせたい	ほんの少し入れたい
ひとつまみ 小さじ1/6 (0.5〜1g)	少々 小さじ1/6弱 (0.5g弱)

固めるもの

食感と完成品の形で決めています！

粉寒天　　粉ゼラチン

その他

ぺぽ菓子の大切な"パフォーマー"たち

ごま
きな粉
インスタントコーヒー
フルーツ（いちご、梨、りんご、ぶどうなど）、
むき甘栗、かぼちゃ、さつまいも、じゃがいも、
くるみ、アーモンドなどナッツ類

ココアは、砂糖や乳脂肪が入っていない純ココアを使用してください。シナモンパウダー、バニラオイルは身近にあるものでOK。

シナモンパウダー
バニラオイル
ココア

紅茶

ほうじ茶

紅茶やほうじ茶は、ダイソーのティーバッグは茶葉が細かくて使いやすいです。

抹茶

11

\ パティシエだけが知っている /
失敗しない作り方のコツ

おやつ作りに慣れないうちはここを気をつけたらいいよ、というポイントをまとめました。

おいしく作るための4つのまぜ方

ぐるぐるまぜる

泡立て器をぐるぐる動かす基本のまぜ方です。サラサラした液体系や粉類を合わせます。

切るようにまぜる

ゴムベラで生地をサクサク切るように、縦に数回動かし底からすくい上げる、の動きを繰り返します。

すりまぜる

ゴムベラで生地をボウルにすりつけてから、材料同士をなじませるように全体を合わせます。

指でほぐす

指先でかたまりをつぶし、ほぐしながら全体に散らしていくイメージです。

生地の空気抜き

加熱前に、容器ごとトントンと数回、台の上に落として生地に含まれる空気を抜くと穴があくのを防ぎ、生地をならすこともできます。また、焼き上がり後も空気抜きをするとこもった蒸気が抜けます。

計量の仕方

粉類やヨーグルトはすりきりです。

水分、はちみつ、メープルシロップは表面張力いっぱいの状態ではかってください。

電子スケールを使う場合はボウルをのせて、材料表の上から順に入れるたびに表示を0にして足していくといいですよ。

定規はなくてもOK。厚さや大きさをそろえたり、均等にカットしたりなど、きれいに仕上げたいときは便利。

オーブンの使い方

- 電気オーブンを使用しています。
- 焼成中はドアのあけ閉めを極力減らしてください。あけると庫内温度が下がるためうまく焼き上がりません。
- 加熱停止後の余熱を使うレシピもあります。天板に置いたまま冷まします。

電子レンジの使い方

- 電子レンジの加熱時間は600Wの場合の目安です。機種や個体によってでき上がりの状態が異なるので、加熱時間は様子を見ながら調整してください。
- ラップを「ふんわりとかける」とは、容器の両端にすき間をあけた状態（ふさがない）のことです。

トースターの使い方

- 温度設定できるトースターを使用していますが、ワット数で設定するトースターで焼く際の目安も記載しています。参考にしてください。
- トースター用天板にアルミホイルを敷く場合、焼いた直後はホイルがくっついてはがれにくいですが、1分ほどおくとはがしやすくなります。

型に敷くシート類

- 型を使わない焼き菓子は、天板にオーブンシートを敷いてから生地をのせます。
- 丸型やパウンド型で焼く際は、型の内側にオーブンシートを敷き込みます。

- マフィンカップは「シリコン加工耐油紙」を使用してください。セリアやホームセンターにあります。

フライパンの使い方

- フライパンケーキ（p.28〜29）以外は、生地を入れる前にしっかりあたためてから使います。手をかざして、もわっと熱気を感じるくらいが目安です。

\ まずはココをチェック /
この本で作るときは……

おいしく作るためのコツや道具などは、各レシピに記載しています。
作る前に参考にしてみてくださいね。

確認しておきましょう！

保存
この本のレシピは、糖分や油脂が少ない分、長期保存には向きません。時間がたつにつれて食感も悪くなっていくので（例外もあり）、その日のうちに食べるのがおすすめです。食べ切りサイズにしているので、ぜひできたてを味わってください。

冷凍
この本では、できるだけ焼きたて、または作って1〜2日で召し上がっていただくことを前提にレシピを作っています。冷凍する場合は、解凍すると焼きたてとは食感などが変わることを前提に、ご自身の判断でお願いします。

あたため
蒸しケーキや蒸しパン、マフィンは乾燥しやすいので、すぐに食べない場合は、あら熱がとれたらラップでしっかり包んで保存してください。冷めてかたくなってしまったら、電子レンジで10秒ほどあたためるとやわらかさが戻ります。

気をつけましょう！

はちみつ
はちみつ使用のレシピは1歳未満の乳児には与えないでください。また、はちみつの種類によっては、マフィンやパウンドケーキなどのふくらみや食感に影響が出る場合があります。

この本の使い方

使用機器
- オーブン
- 電子レンジ
- トースター
- フライパン（ガス火使用）
- 冷蔵室/冷凍室

この本の決まり
- 材料は、重量（g）表記を基本にしています。
- 大さじだけで作れるレシピもありますが、計量スプーンや食材、状態によって誤差が出るので、はじめて作るときは電子スケールを利用してください。
- 大さじ、小さじの重量は、計量スプーンや食材、状態によって変わるので、材料の表記に従ってください。
- 火かげんは、記載がなければすべて中火です。
- オーブンを使用するときは、ミトンや軍手を使うなどして、やけどに注意してください。

再生数と保存数
どちらもInstagramのリール（動画）と保存数です。人気レシピがすぐわかります。

フォロワーさんの声をご紹介。リアルな感想が参考になるかも。

ぺぽmemo
上手に作れるコツや保存、あたため直しの方法、代用品などを記載しています。

Part 1

まぜるだけ
オーブンなし
フライパン、
レンチンで！

簡単！
ハードル低めな
おやつたち

このPartでは、おやつ作りの楽しさを感じてもらえるよう、
初心者でも失敗なくできる、簡単なものばかり紹介します。
フォロワーさんからの声を受けて、
とにかくハードルを下げることを念頭に
レシピを考えました。
まずは作って、食べてみてください。

やってみて！大さじ小さじだけ、まぜるだけ、レンチンでできる！
ふわふわ踊る蒸しケーキ・蒸しパン

業務スーパーの米粉を大さじですくってまぜたら、あとは電子レンジにおまかせ。
3～4分で、お皿の上でふわふわと踊るシアワセが誕生します。

電子レンジ

材料
シリコン製保存袋(340ml)1個分

A
- 米粉…大さじ6(54g)
- ベーキングパウダー…小さじ1弱(3g)
- 塩…少々

プレーンヨーグルト…大さじ3(45g)
はちみつ…大さじ1(21g)
卵…1個

ふわふわたまご蒸しケーキ

計量スプーンで材料を入れて、
ぐるっとまぜて、電子レンジにかけるだけ。
時間がなくても、誰でも作れます。
自信作です！

作り方

1 保存袋に**A**を入れ、ロックバー（付属品）で閉じてシャカシャカ振って、粉類をよくまぜる。

2 残りの材料を上から順に入れ、スプーンでしっかりかきまぜる。

3 袋についた生地をスプーンでこそぎ落とし、袋ごと数回、台の上に落として空気を抜く。

4 容器の両端をふさがないようふんわりとラップをかけ、電子レンジで3分加熱する。

完成！

ぺぽmemo

◎ 卵は必ず最後に入れてください。卵黄と米粉がくっついたまま時間をおくと、ダマになりやすいです。

◎ ダイソーのシリコン製保存袋(340ml)がない場合は、電子レンジ対応コンテナ(480ml)で同様に作れます。加熱時間は3分～3分20秒(p.18、22も同)。

電子レンジ

221万再生
3.4万保存

分厚すぎる チーズ蒸しパン

お店でよく見かけるチーズ蒸しパンを
シリコン製保存袋でチンして作ってみました。
できたてが最高の美味！

旦那さんが売り物みたいだねーって！息子はうまぁーーと大感激。わが家の定番になりそう

何度もリピートしてます

from followers

材料

シリコン製保存袋(340ml)1個分

牛乳…大さじ3(45g)
スライスチーズ
　…3枚(45〜48g)

A　卵…1個
　　きび砂糖…大さじ3(27g)
　　米粉…大さじ5(45g)
　　レモン汁…小さじ1/2弱(2g)
　　ベーキングパウダー
　　　…小さじ1弱(3g)

米油…適量

作り方

1　保存袋に牛乳とスライスチーズをちぎりながら入れ、ラップをかけずに、電子レンジで1分加熱する。レンジからとり出して大さじでぐるぐるまぜてチーズをとかす。

2　**A**を入れてよくまぜ合わせる。袋ごと数回、台の上に落として空気を抜く。

3　ふんわりとラップをかけ、電子レンジで3分加熱する。

4　フライパンに油を熱し、とり出した**3**をのせて、両面をこんがり焼く。

ぺぽmemo

◎ スライスチーズはとろけないタイプを使っています。

いちごのもっちり蒸しケーキ

いちごのきれいな色を生かしたくて、卵を使わないレシピにしました。もっちもっちです！

68.1万再生
1.6万保存

きれいなピンク色に仕上がります！

作りたくてちっちゃいいちご買っちゃいました！

from followers

材料
シリコン製保存袋(340ml)1個分

いちご…40g(4〜5粒)
きび砂糖…大さじ2(18g)
A ┃ 米粉…大さじ6(54g)
　 ┃ プレーンヨーグルト…大さじ2(30g)
　 ┃ ベーキングパウダー…小さじ1(4g)

作り方
1. 保存袋にいちごときび砂糖を入れて振ってまぶし、もんでいちごをつぶす。
2. Aを入れて、スプーンでよくまぜる。
3. 袋についた生地をスプーンでこそぎ落とし、袋ごと数回、台の上に落として空気を抜く。
4. ふんわりとラップをかけ、電子レンジで1分40秒加熱する。

ぺぽmemo
◎ いちごは目安として、3.5cmくらいの大きさのもので4粒ほどです。

／スパイス香る／ジンジャーレモン蒸しケーキ

ジンジャーレモンとスパイスのおかげで、蒸しケーキが別格の味になりました！

材料
シリコン製保存袋(340ml)1個分

A ┃ 米粉…大さじ6(54g)
　 ┃ プレーンヨーグルト…大さじ2(30g)
　 ┃ はちみつ…大さじ1(21g)
　 ┃ レモン汁…小さじ2(10g)
　 ┃ しょうがのすりおろし…小さじ2(10g)
　 ┃ 塩…少々
　 ┃ シナモンパウダー・カルダモンパウダー…各1振り
　 ┃ 卵…1個
ベーキングパウダー…小さじ1弱(3g)

作り方
1. 保存袋にAを順に入れ、まぜる。最後にベーキングパウダーを入れてよくまぜる。
2. 袋ごとトントンと数回、台の上に落として空気を抜く。
3. ふんわりとラップをかけ、電子レンジで2分40秒加熱する。

ぺぽmemo
◎ レモンの酸が反応するので、ベーキングパウダーをまぜ合わせたらなるべく早く加熱するのが、しっかりふくらませるコツです。
◎ スパイスはなくてもいけますが、抜群に合うので、あればぜひ入れてみて。

電子レンジ

30.7万再生
6500万保存

米粉の食パントースト風

両面にこんがりと焼き目をつけると外側はサクッ、
中はもっちりになります。
焼きたてのほわほわをどうぞ！

求めていたレシピです！さっそく作ります

ほんとに食パンに見えました、すごい！

from followers

材料

電子レンジ対応コンテナ
（480ml）1個分

A｜プレーンヨーグルト…50g
　｜水…35g
　｜きび砂糖…5g
　｜塩…ひとつまみ(小さじ1/6)
　｜米粉…75g
　｜ベーキングパウダー…4g

米油…適量

作り方

1 ボウルにAを入れ、よくまぜる。

2 コンテナに入れ、型ごとトントンと数回、台の上に落として空気を抜く。ふんわりとラップをかけ、電子レンジで2分加熱する。

3 フライパンに油を熱し、とり出した2をのせて両面をこんがり焼く。

ぺぽmemo

◎ 焼き目をつけずにそのまま蒸しパンとして食べてもおいしいです。好みでバターをのせると、さらにパンぽくなります。

豆腐のむっちり蒸しパン

ただの米粉パンじゃありません。豆腐でしっとり。
たった2分40秒でできる爆速レシピです。

材料
電子レンジ対応コンテナ
（480ml）1個分

絹ごし豆腐…100g
卵…1個
米粉…80g
きび砂糖…20g
ベーキングパウダー…3g
塩…少々

作り方
1 ボウルにすべての材料を入れてよくまぜる。コンテナに入れ、型ごとトントンと数回、台の上に落として空気を抜く。

2 ふんわりとラップをかけ、電子レンジで2分40秒加熱する。

ぺぽmemo
◎ 生地に穴ができやすいので、ベーキングパウダーが行き渡るようしっかりまぜてください。

\みんな大好き/ アメリカンドッグ風蒸しパン

油ナシ、串にも刺しとらんけど、気分はアメリカンドッグ風。おやつが何もないけど急げ！というときに、気分で楽しんでください。

材料
電子レンジ対応コンテナ
（480ml）1個分

A｜絹ごし豆腐…100g
　｜卵…1個
　｜米粉…80g
　｜きび砂糖…15g
　｜ベーキングパウダー…3g

魚肉ソーセージ…1本
トマトケチャップ…適量
米油…適量

作り方
1 ソーセージは8等分にする。

2 ボウルにAを入れてよくまぜる。

3 コンテナに2を半量ほど入れ、型ごとトントンと数回、台の上に落として空気を抜く。ソーセージを均等に埋め込み、残りの生地をのせる。再度空気を抜く。

4 ふんわりとラップをかけ、電子レンジで4分加熱する。とり出して、油を熱したフライパンにのせ、両面に焼き色がつくまで焼く。切り分けてケチャップを添える。

電子レンジ

101.4万再生
4400万保存

材料

シリコン製保存袋(340ml)1個分

バナナ…1本(正味約80g)

A ｜ 生おから…大さじ6(60g)
　　｜ 卵…1個
　　｜ 牛乳…大さじ1(15g)
　　｜ メープルシロップ…大さじ1/2(9g)
　　｜ ベーキングパウダー
　　｜　　…小さじ1/2(2g)
　　｜ 塩…少々

作り方

1　保存袋にバナナを入れて、もんでつぶす。

2　**A**を入れて、スプーンでよくまぜる。

3　袋についた生地をスプーンでこそぎ落とし、袋ごとトントンと数回、台の上に落として空気を抜く。

4　ふんわりとラップをかけ、電子レンジで3分加熱する。

> メープルシロップとバナナの
> やさしい甘さがおいしいです!

> おから、私も大好きです。
> 安いし、栄養価高いし

from followers

おからのしっとりバナナケーキ

粉類は使わず生おからだけという腸活レシピ。
バナナのやさしい甘みがふんわり、
食物繊維たっぷりでおなかすっきり!

ぺぽmemo

◎ おからパウダーでは仕上がりが変わるので、必ず生おからを使用してください。

◎ 生おからの大さじ1は10gほどです。おからの水分量によって多少変わるので、最初は電子スケールではかりましょう。

トースターで1人分! 食べ切りレシピ

コーヒーのお供にちょっと食べたい……そんなささやかな望みを叶えます！
作り方はどちらも同じ。アーモンドプードルとすりごまの風味と食感の違いを
お楽しみください。

172万再生
2.6万保存

サクサク メープルクッキー

サクサクでメープルシロップの
香ばしさがたまらない。

ザクザク すりごまクッキー

すりごまでお手軽に。
ザクザクの食感がクセになります！

材料 1人分

- A
  - 米粉…大さじ3(27g)
  - 片栗粉…大さじ1(9g)
  - アーモンドプードル
    …大さじ1(7g)
- B
  - 米油…小さじ2(9g)
  - メープルシロップ
    …小さじ2(12g)
  - 水…様子を見て少々

米油…適量

材料 1人分

- A
  - 米粉…大さじ3(27g)
  - 片栗粉…大さじ1(9g)
  - すり白ごま…大さじ1(7g)
- B
  - 米油…小さじ2(9g)
  - メープルシロップ
    …小さじ2(12g)
  - しょうゆ…小さじ1/3
  - 水…様子を見て少々

米油…適量

2種共通の下準備

● アルミホイルに油を薄く塗っておく。

2種共通の作り方

1. ボウルにAを入れてスプーンでまぜ合わせる。Bを加えてゴムベラでまぜ合わせ、粉っぽさがなくなったらボウルにすりつけてなじませる。
2. 手でひとまとめにする。まとまらなければほんの少し水を足す。
3. 生地をアルミホイルにのせて5mm厚さの四角にのばす。ナイフで16等分にカットし、160～170度(600W)のトースターできつね色になるまで10～13分焼き、天板に置いたまま冷ます。

ぺぽmemo

◎ オーブンで焼く場合は、アルミホイルではなくオーブンシートを敷いて、170度に予熱し、15分ほど様子を見ながら焼いてください。

トースター、レンチン大活躍！
朝すぐ作れるクイックブレッド

パンがない！という朝もおまかせ。こねなし、発酵なし、簡単成形。
惣菜パンもベーグル風もおまかせ！

\材料4つで！/
簡単すぎる バナナブレッド

砂糖・油・乳製品不使用のシンプル仕様。
ふかふかバナナパンが、笑っちゃうくらい簡単にできます。

材料 2個分

バナナ…1本（正味約80g）
A｜米粉…大さじ7（63g）
　｜ベーキングパウダー…小さじ1弱（3g）
　｜塩…少々

米油…適量

下準備

● アルミホイルに油を薄く塗っておく。

シュガースポットが出ている完熟バナナがおすすめです。

作り方

1. バナナをつぶしてペースト状にし、**A**を入れてゴムベラでしっかりすりまぜる。

2. 生地はぼってりしているけれど、ベタついて手で丸められない程度のやわらかさが目安。

3. トースター用の天板に2つに分けた生地をこんもりと落とす。ゴムベラで丸く形を整える。

4. 180度（600W）のトースターで13分ほど、表面がうっすら色づくまで焼く。

ぺぽmemo

◎ バナナの大きさによって生地の状態が変わります。小さめのバナナの場合は米粉を減らし、大きめの場合はふやすなどして調整してください。

◎ 時間がたつとかたくなるので保存はおすすめしません。できたてがいちばんおいしいです。

好きな具材で 即席惣菜パン

好きな具材をのせてトースターでチーーーーン。
もちっと、お惣菜パンもどきのでき上がり。
ぜひ熱々でお召し上がりください。

材料 2個分

A｜プレーンヨーグルト…90g
　｜米粉…80g
　｜きび砂糖…5g
　｜塩…ひとつまみ(小さじ1/6)
　｜ベーキングパウダー…3g

B｜コーン＋マヨネーズ…各適量
　｜玉ねぎスライス＋マヨネーズ
　｜　＋ピザ用チーズ…各適量
　｜パセリ(あれば)…適量

米油…適量

下準備

アルミホイルに油を薄く塗っておく。

作り方

1　ボウルにAを入れてしっかりまぜ合わせる。

2　トースター用天板に2つに分けた生地をこんもりと落とす。ゴムベラで丸く形を整える。

3　Bをのせ、180度(600W)のトースターで13～15分焼く。

ぺぽmemo

◎ 時間がたつとかたくなるので保存はおすすめしません。できたてがいちばんおいしいです。

> バナナブレッドが大好きで毎日食べています。レパートリーがふえるの、大歓迎

> 成形がむずかしい米粉で惣菜パン！うれしいです

電子レンジ

> レンチンでこのクオリティ、すてきです！

> めちゃベーグル!!
> このモチモチ感!!

from followers

レンチンむっちり ベーグルサンド風

もっちりむっちりなかみごたえ。
レンチンだから朝の忙しい時間にも気軽に作れます。

材料 2個分

A
- 絹ごし豆腐…100g
- メープルシロップ またははちみつ …5g
- 塩…ひとつまみ（小さじ1/6）

- 米粉…80g
- ベーキングパウダー…3g
- ベーコン、レタスなど好みで…各適量

作り方

1. ボウルにAを入れ、豆腐がなめらかになるまで泡立て器でよくまぜる。

2. 米粉とベーキングパウダーを入れ、最初はゴムベラで切るように、粉がなじんできたらすりまぜてひとまとめにする。生地を半分に分ける。

3. 軽くぬらした手で丸めて平らにし、まん中に指で穴をあけて広げて輪っか状にする。広げておいたラップに1つずつのせて、ふんわりと包む。

4. ラップの閉じ目を下にして耐熱皿に並べ、電子レンジで2分40秒加熱する。ラップをとって冷まし、横にスライスして具材をはさむ。

ぺぽmemo

◎ 加熱するとふくらむのでラップはすき間をもたせて、ふんわりと包んでください。

◎ 冷ますときはラップをはずして蒸気をとばしてください。表面が少しツルッとなるので、よりベーグルっぽくなります。

フライパンでもケーキが作れます

予熱がいらない、まぜたらすぐ焼ける、でき上がりはちゃんとケーキ！
という、夢のようなフライパンケーキができました。

焼きいもとりんごのケーキ

少ない砂糖でも焼きいもとりんごの
おかげでしっとり甘い。
フォロワーさんからアイディアを
いただいて誕生した、
この本のためのレシピです！

材料
直径20cm フライパン1個分

焼きいも…150g
りんご…100g

A | 卵…1個
　| 牛乳…25g
　| 米油…10g
　| きび砂糖…10g
　| 塩…ひとつまみ (小さじ1/6)

B | 米粉…80g
　| ベーキングパウダー…4g

レーズン…15g

作り方

1. 焼きいもは皮をむいたものを100gとり分けて、残りは皮つきのまま1.5〜2cm角に切る。りんごはくし形切りにし、横に5mm幅に切る。

2. 皮をむいた焼きいもを泡立て器でペースト状につぶし、**A**を入れてまぜ、**B**もまぜ合わせる。りんご、レーズンを加えてまぜ、皮つきの焼きいもも入れて、ゴムベラで数回まぜ合わせる。

3. フライパンに油(分量外)を塗り、**2**を流し入れ、ゴムベラで全体に行き渡らせる。ふたをしてごく弱火にかけ、20分ほど焼く。生地の表面がどろっとしなくなったら、器にひっくり返してとり出す。

ぺぽmemo

◎ 皮つきの焼きいもを入れたら、つぶれないようにまぜる回数は少なめに。

◎ 焼きいもは甘みの強いねっとりしたタイプのものを使用しています。作り方はp.34参照。

梨と紅茶の キャラメリゼケーキ

キャラメリゼした梨に
紅茶生地を流し入れて
焼き上げました。
梨の甘い果汁も
たっぷり楽しめます。

梨と紅茶の組み合わせが
たまらないです！

from followers

材料
直径20cmフライパン1個分

梨…1個
バター…5g
きび砂糖…10g
牛乳…40g
紅茶ティーバッグ…1袋 (約2g)

A 卵…1個
　　はちみつ…20g
　　米油…10g
　　塩…少々

B 米粉…80g
　　ベーキングパウダー…4g

作り方

1 牛乳は耐熱容器に入れて、電子レンジでラップなしで20秒ほどあたため、ティーバッグの中身を入れて10分ほどおいて香りを出す。

2 梨は芯を除き、皮つきの8等分のくし形切りにする。フライパンにバターときび砂糖を入れて火にかけ、とけてブクブクしてきたら梨を入れる。ときどきひっくり返しながら水分がなくなるまで中火で煮詰め、茶色になり、表面が半透明になったら火を止める。

3 ボウルに**A**と**1**を入れてよくまぜ、**B**も加えて、粉っぽさがなくなるまでまぜる。

4 フライパンに油(分量外)を塗り、**2**を並べ、**3**を流し入れ、ゴムベラで全体に行き渡らせる。ふたをしてごく弱火で15分焼く。生地の表面がどろっとしなくなったら、器にひっくり返してとり出す。

ぺぽmemo

◎ 茶葉があらいようであれば、ミルなどで粉砕してください。ダイソーのアールグレイは安価かつ香りも強く、茶葉も細かいので使いやすいです。

◎ 梨の皮が気になる方はむいてください。

◎ 表面が生焼けだった場合は、ひっくり返して1分ほど追加で焼いてください。

秒で作れる！ちょこっと甘いおやつ

懐かしのあのおやつをアレンジしてみました。
甘さはかなり控えめ、でも和と洋が出合って新しい味ができちゃいました。

電子レンジ・フライパン

材料2つの きな粉あめ

駄菓子屋さんの、懐かしのあのおやつです。
大人になってもこういう
おやつはほっこりおいしい。

材料 1人分

はちみつ…大さじ1(21g)
きな粉…大さじ4(28g)

作り方

1. はちみつにきな粉を入れ、ゴムベラでボウルにすりつけてなじませるようにねり合わせる。
2. ラップでギュッとくるんで棒状に成形し、一口大にカットして、きな粉(分量外・適量)をまぶす。

ぺぽmemo

◎ 塩をひとつまみ入れても味が引き締まっておいしいです。
◎ まとまりにくい場合ははちみつを、やわらかすぎる場合はきな粉を足して調整してください。
◎ はちみつがかたかったり、結晶化している場合は、電子レンジで10〜20秒加熱し、サラサラにしてから使ってください。

ほろ苦 キャラメリゼ餅

お餅のおもしろい食べ方ないかなって
作ってみたら、こんなものができました。
ほろ苦スイーツに大変身です。

材料 1人分

餅…1個(約50g)
きび砂糖…10g

作り方

1. 餅は器にのせて、電子レンジでラップなしで30秒加熱する。
2. フライパンにきび砂糖を入れ、中火にかける。とけてきたら1を入れ、ときどき返しながら煮詰める。こんがり茶色くなったら完成。

ぺぽmemo

◎ 焦げつきそうな場合は火を弱めるか消すかして、余熱で火入れしてみてください。

\みりんでやみつき！/ 和風キャラメルポップコーン

みりんで、コクのある上品な甘さに仕上げました。
隠し味でしょうゆをちょろりと
入れるのがポイント。

材料　2人分

ポップコーン豆…20g
A | 本みりん…20g
　 | きび砂糖…10g
　 | 有塩バター…5g
　 | しょうゆ…小さじ1/3

作り方

1. フライパンにポップコーン豆を入れ、ふたをして中火にかける。ゆすりながら加熱し、豆がすべてはじけたらとり出しておく。
2. フライパンにAを入れて中火にかける。ときどきゆすりながら加熱し、最初は勢いよく出ていた泡がゆっくりになって色づいてきたら火を止める。1を戻し入れて手早くからめる。
3. オーブンシートを敷いたバットにとり出して、くっつかないように広げて冷ます。

ぺぽmemo

◎ 湿気に弱いので、作ったその日に食べ切るのがおすすめです。

止まらぬ大人のコーヒー節分豆

こんな節分豆あり!?
ナッツの糖衣がけを大豆で、
コーヒー風味でやってみました。

材料　1人分

A | きび砂糖…大さじ1(9g)
　 | インスタントコーヒー…小さじ1(2g)
　 | 水…小さじ1(5g)
いり大豆…大さじ3(25〜30g)
バター…約小さじ1/4

作り方

1. フライパンにAを入れてまぜ、中火にかける。ブクブクと煮立ったら弱火にして煮詰める。
2. 泡立ちがゆっくりねっとりになってきたら火を止め、大豆を入れて手早くからめる。豆にねっとりまとわりつく状態から、だんだん離れてくるまで絶えずまぜ続ける。
3. パラパラになったらバターを入れて弱火にかけ、とかしながらからめる。

ぺぽmemo

◎ 大豆を入れた直後はひとかたまりになりますが、根気よくまぜ続けてください。

◎ バターは有塩、食塩不使用、どちらでもできます。

魅惑のぷるぷるおやつ

おうちにある材料で作るので、思い立ったらすぐできちゃう！
めちゃくちゃおいしいのです。

フライパン

\もちもち/
生チョコ風わらび餅

こんな見た目ですが砂糖、チョコレート、生クリーム不使用。罪悪感なく、するりするりと口の中でとろけていきます。

材料
電子レンジ対応コンテナ(480ml)1個分

- **A**
  - 水…30g
  - 粉寒天…2g

- **B**
  - きび砂糖…25g
  - 片栗粉…10g
  - ココアパウダー…10g
  - 塩…少々(小さじ1/6弱)

- 牛乳…200g
- ココアパウダー(仕上げ用)…適量

ぺぽmemo
- ココアパウダーはダマになりやすいので、作り方2で、牛乳を少し入れてよくまぜ合わせてから、残りを入れるとうまくいきます。
- 煮立ってから火を弱めるとき、常にポコポコ煮立った状態をキープできる火かげんにしてください。
- 切るときは包丁を軽く水でぬらすと切りやすいです。スプーンですくってココアパウダーをまぶしても◎。

作り方

1. **A**はフライパンでまぜ合わせて、ふやかしておく。

2. ボウルに**B**を入れ、泡立て器でぐるぐるまぜる。牛乳を少量まぜてペースト状にしてから残りを入れ、ときのばす。

3. 1に2を入れてまぜ、中火にかける。耐熱ゴムベラで絶えずまぜながら加熱してとろみをつけ、煮立ってきたら火を弱めて、引き続きまぜながら2分煮る。

4. 火を止めてコンテナに流し入れ、表面にラップをぴったりと密着させる。冷蔵室で3時間以上しっかり冷やし固める。

5. 型からとり出し、好みの大きさにカットして、ココアパウダーをまぶす。

ぷるぷる 豆乳わらび餅

できたてはぷるぷるやわやわ、
冷やすと弾力のあるもちっと感♪
暑い日にもあっさりと
食べやすくてはまっちゃいますよ。

材料 2人分

- **A**
  - 無調整豆乳…150g
  - 片栗粉…25g
  - きび砂糖…20g
- きな粉…適量

作り方

1. フライパンに**A**を入れてまぜる。弱めの中火にかけ、耐熱ゴムベラで絶えずまぜながら加熱する。
2. 全体が透明になってきたら火を止め、さらに30秒ほどしっかりまぜてひとまとまりにする。
3. ぬらしたスプーンで一口大にちぎり、バットに広げたきな粉に落としてまぶす。

ぺぽmemo

◎ きな粉に塩をひとつまみ入れてもおいしいです。

◎ 冷蔵室で冷やす場合はかたくならないよう30分〜1時間弱で。

キュンとすっぱい はちみつレモンわらび餅

キラキラぷるぷるで涼しげな、
レモン味のわらび餅です。
あとがけするはちみつで甘さは
調整してくださいね。

材料 2人分

- 水…140g
- 片栗粉…25g
- はちみつ…25g
- レモン汁…8g

作り方

1. フライパンにすべての材料を入れてまぜる。弱めの中火にかけ、耐熱ゴムベラで絶えずまぜながら加熱する。
2. 全体が透明になってきたら火を止め、さらに30秒ほどしっかりまぜてひとまとまりにする。
3. 氷水に入れ、一口大にちぎる。冷めたら水けをきって器に盛り、好みではちみつ（分量外）をかける。

ぺぽmemo

◎ 冷蔵室に長時間入れると白濁してかたくなります。なるべく早く食べ切るのがおすすめです。

大好きな和菓子を自作しよう!

やさしい甘みを存分に楽しみたいのなら和菓子が最高。
季節ごとに作る楽しみもあります。

トースター・フライパン

スイートポテトまんじゅう

スイートポテト味の皮で
あんこを包みました。
焼きたてはほっくりやわらか、
冷めるとねっちり食感を楽しめます。

材料 8個分

焼きいも…正味150g
有塩バター…10g

A | 米粉…60g
　 | はちみつ…10g

あんこ…80g
いり黒ごま…適量
米油…適量

下準備

- 焼きいもを準備する。
  作る場合は、洗ったさつまいもを、水けを残したままアルミホイルでくるみ、200度(600W)のトースターでやわらかくなるまで(45分〜1時間)加熱する。買ったものでもOK。
- あんこは8等分にして丸める。
- トースター用の天板にアルミホイルを敷き、油を薄く塗る。

作り方

1. 焼きいもは皮をむき、熱いうちにバターを入れてマッシャーでつぶす。Aを入れてなじませるようにまぜる。
2. 8等分にして、あんこを包んで丸め、軽く平らにして天板に並べる。
3. ごまを散らしてくっつける。180度(600W)のトースターで13〜15分焼く。

ぺぽmemo

◎ さつまいもの繊維が気になる場合は裏ごししてください。
◎ 使うさつまいもによって水分量が変わってきます。まとまらない場合は牛乳を少量入れてかたさを調整してください。
◎ 焼きいもはねっとりしっとり系のものを使用しています。

ねっとりなめらか いもようかん

焼きいもの甘さを生かした
シンプルなおいしさのおやつです。
子どもたちからアンコールの嵐……！

材料

電子レンジ対応コンテナ
　（480ml）1個分

焼きいも
　（皮をむいて裏ごしする）
　…正味150g

A │ 水…80g
　│ 粉寒天…小さじ1(2g)
　│ 塩…少々
　│ はちみつ…5〜10g

作り方

1. コンテナは軽く水でぬらしておく。
2. フライパンにAを入れてまぜ、火にかける。煮立ったら火を弱め、ときどきまぜながら2分煮る。
3. 焼きいもを加え、しっかりまざったら火を止める。型に流し入れ、型ごとトントンと数回、台の上に落として平らにし、表面にラップをぴったり貼りつけて冷蔵室で2時間以上冷やし固める。

ぺぽmemo

◎ 焼きいもの甘さに応じてはちみつの量は調整してください。

◎ 焼きいもが冷たいと寒天がすぐ固まってしまうため、常温〜あたたかい状態で作業してください。

サクもち！ でか、大判焼き風

塩豆大福が大好き。甘さを抑えて
ちょっぴり塩をきかせておきました。
卵不使用レシピです。

材料　1個分

A │ 米粉…80g
　│ プレーンヨーグルト
　│ 　…50g
　│ 水…40g
　│ きび砂糖…10g
　│ 塩…ひとつまみ
　│ 　（小さじ1/6）
　│ ベーキングパウダー
　│ 　…4g

あんこ…100g
米油…適量

作り方

1. あんこはラップで包み、直径9cmくらいの平たい丸型にする。ボウルにAを入れてよくまぜる。
2. 熱したフライパンに油を薄く塗る。弱火にし、Aの半量を入れてゴムベラであんこが入る大きさまで広げる。
3. あんこをのせて軽く押し、おおうように残りの生地をのせ広げる。ふたをして3分、ひっくり返してさらに3分、両面がこんがり色づくまで焼く。

ぺぽmemo

◎ 外はパリッと、中はもっちりな生地は冷めると外側が少しかたくなるので、できたてがおすすめです。

35

冷やして固めるだけ！
つるるんデザート

ひんやりつるるんデザートは、夏はもちろん、寒い冬のデザートとしても超おすすめ。
デコレーションが苦手でもかわいく仕上がります。

冷蔵室

とろける♡
いちごのレアチーズ

生クリーム不使用、ゼラチンをギリギリまで
減らして、とろけるようなやわらかさに。
デコ用生クリームも飾りのセンスもいらないよ〜。

材料

直径12cm丸型（底が抜けるタイプ）1個分

いちご…120g

A ┃ きび砂糖…30g
　┃ レモン汁…5g

粉ゼラチン…3g
水…20g

クリームチーズ…120g
プレーンヨーグルト…80g
ビスケット…60g
有塩バター…20g

デコレーション用
いちご…3〜5粒
粉ゼラチン…1g
水…20g

下準備

● ビスケットは袋に入れて、上からめん棒を転がし、粉々に砕く。電子レンジにラップなしで20秒かけてとかしたバターを袋に入れてまぜ、型の底にギュッと敷き詰めて冷蔵室で冷やしておく。

ぺぽmemo

◎ クリームチーズはねる段階でダマをなくしておいてください。まぜるたびに周りをゴムベラでこそげとるとダマができにくいです。

◎ 型からはずすときは、型の側面を軽くあたためてからはずしてください。ドライヤーやあたためたぬれタオルをあてると簡単です。

作り方

1 水に粉ゼラチンを振り入れ、ふやかしておく。

2 耐熱ボウルに小さく切ったいちごとAを入れてまぜ合わせる。電子レンジでラップなしで3分加熱する。

3 1を入れ、いちごをつぶしながらまぜる。ボウルを氷水にあてて人肌くらいの温度になるまで冷ます。

4 別のボウルでチーズをねってダマをなくす。3を半量入れてまぜ合わせ、残りも加えてよくまぜ、さらにヨーグルトも入れてまぜる。

5 型に流し入れ、冷蔵室で3時間以上冷やし固める。

デコレーションの仕方

1 いちごは縦3〜4枚にスライスし、作り方5で、冷蔵室に入れる前に、表面にそっと並べてから冷やし固める。

2 水に粉ゼラチンを振り入れてふやかし、5分ほどおいたら、電子レンジでラップなしで20秒加熱してとかす。固まったレアチーズの表面に流し入れ、全体に行き渡らせる。再度冷蔵室に入れて固める。

冷蔵室

スッキリ あっさり
みかん豆乳寒天

暑い夏に食べたくなるひんやりおやつ。
つるるんっと食べられる昔ながらの寒天を
豆乳で作りました。

材料
電子レンジ対応コンテナ
（480ml）1個分

A | 水…100g
　 | きび砂糖…20g
　 | 粉寒天…2g
無調整豆乳…150g
缶詰みかん…100g

作り方

1 コンテナに汁けをきった
みかんを広げて入れる。

2 耐熱ボウルにAを入れて
まぜ、電子レンジでラッ
プなしで1分加熱する。
とり出してまぜ、再び1
分加熱する。

3 とり出して10秒ほどま
ぜたら、豆乳を加えてま
ぜ、1に流し入れる。冷
蔵室で2時間以上冷や
し固める。

ぺぽmemo

◎ 鍋でもできます。
Aを鍋に入れて
まぜ、2分煮て、
あとは同じよう
に作ります。

ヨーグルトパイン
寒天ゼリー

さっぱりした寒天デザートは
そのままつるりと食べるもよし。
凍らせてシャーベットにも。

材料
製氷皿1枚（18個分）

A | 水…70g
　 | 粉寒天…2g（小さじ1）
水…30g
B | プレーンヨーグルト
　 | 　…100g
　 | はちみつ…20g
缶詰パイナップル（スライス）
　…3枚（約100g）

作り方

1 パインは1cm角程度に刻んでおく。
ヨーグルトは冷蔵室から出して室温
にする。

2 耐熱ボウルにAを入れてまぜ、電子レ
ンジでラップなしで1分加熱する。とり
出してまぜ、再び40秒加熱する。加熱
している間にBをまぜておく。

3 寒天液はとり出して10秒ほどまぜたら
水を加えてまぜ、Bに入れてまぜる。

4 製氷皿に流し入れる。すばやくパイン
を散らし、軽く指で押し込み、冷蔵室
で2時間以上冷やし固める。

袋でもむだけ！ 楽勝アイス

暑い日も暑くない日も、シャリシャリひんやり、
こりゃーたまらん！ 子どもたちにも安心なおやつです。

> from followers
> バナナとくるみの相性、
> 最高にいいですよね。
> もう市販のアイスを
> 買わなくていいってなった！

冷凍室

豆腐のマシュマロ抹茶アイス

抹茶のおかげで豆腐のにおいはほとんど気になりません。市販のアイスみたいなのに、めっちゃヘルシーです。

材料 2人分

A
- 絹ごし豆腐…150g
- はちみつ…15g
- 抹茶パウダー…5g

- マシュマロ…40g
- アーモンド（あらく刻む）…20g

作り方

1 ジッパーつきフリーザーバッグにAを入れ、袋の上からもんでまぜる。小さくちぎったマシュマロを入れ、アーモンドをひとつまみだけとりおき、残りを入れてまぜる。

2 平らにして冷凍室で1時間冷やす。いったんとり出してもんで全体を均一にし、平らにして1時間凍らせる。

3 器に盛り、とりおいたアーモンドを散らす。

バナナきな粉アイス

砂糖、乳製品、卵不使用！
豆腐で作る、あっさりヘルシーなアイスクリームができました。

材料 2人分

A
- 絹ごし豆腐…100g
- バナナ…1本（約80g）
- きな粉…15g
- メープルシロップ…15g

- くるみ（あらく刻む）…20g

作り方

1 ジッパーつきフリーザーバッグにAを入れ、袋の上からもんでまぜる。くるみをひとつまみだけとりおき、残りを入れてまぜる。

2 平らにして冷凍室で1時間冷やす。いったんとり出してもんで全体を均一にし、平らにして1時間凍らせる。

3 器に盛り、とりおいたくるみを散らす。

ぺぽmemo

◎ 甘さははちみつやメープルシロップの量で調整してください。

◎ トータルで2時間冷やしたころがかたさもちょうどよく食べごろです。カチコチになったら常温で少しとかすと食べやすくなります。

うまくいかないときの対策 －1－
Q&A

米粉は小麦粉と異なり、
米粉によって生地の状態や
仕上がりが違います。
米粉の特性について、
こちらであらためて説明します。

Q. 業務スーパーの米粉ではなく、他の種類の米粉を使ったらうまくいかなかったです。

A. 米粉によって、生地の状態や仕上がりが変わります。

　米粉は製法によりそれぞれ吸水率が違います。もったりしたりサラサラになったり。メーカーによって生地状態に大きく差が出てしまうのはこのためです。

　この本で使う業務スーパーの米粉は吸水率が高いタイプ。同じ米粉を使うのがベストですが、そうでない場合は似た性質の米粉を使うか、水分量を調整する必要があります。

　それでも同じ仕上がりにならないなど、うまくいかない場合もありますので、米粉の扱いに慣れるまでは、レシピ指定の米粉と同じものを使うことを強くおすすめします。

Q. クッキーがキシキシする、かたくなってしまいます。

A. 米粉がたくさん水を吸ったことが原因です。

　油で作る米粉クッキーは、生地をまとめるため水を足して調整しますが、必要最低限の量にとどめるのがコツです。なぜなら水を足せば足すほど、米粉がそれを吸うほど、かたさやキシキシ食感が出てしまうからです。

　対策としては、水分は油のあとに合わせる（米粉に油を吸わせて水分の吸収をやわらげる）、アーモンドプードルなど他の材料と合わせるなどが挙げられます。

　この本のレシピは、そうした状態を考慮した配合なので、材料のおきかえはせず、まずはレシピどおりに作ってみてください。

Part 2

手作りすれば
罪悪感は
ぐっと減らせる

市販の
あのおやつ風

どんなときでも
食べられるおやつ

このPartでは、市販の「あの」お菓子を
からだにやさしい食材におきかえて、簡単に作れるものを紹介します。
甘さ控えめ、揚げない、食べ切れる量。
これが叶うのは手作りならでは。
どんなときもおやつを作って食べて、
楽しめますように。

え、作れるの？と驚かれる
甘さ、油分を抑えて
あのお菓子を作ってみよう

スーパーやコンビニで誘いをかけてくるあのお菓子たち。
ついつい買いたくなっちゃうけど、でも待って。
手作りできますよ。

オーブン

材料
約12個分（クッキー約24枚）

- **A**
  - 米粉…40g
  - 片栗粉…25g
  - アーモンドプードル…25g
  - ココアパウダー…10g
  - 塩…少々
- **B**
  - 米油…20g
  - メープルシロップ…15g
- 水…5g
- マシュマロ…6個

下準備
- オーブンを170度に予熱する。
- 天板にオーブンシートを敷く。

ぺぽmemo
◎ クッキーが焼けてまだ熱いうちに重ね、余熱でマシュマロの表面をとかして接着します。
◎ マシュマロがとけてクッキーがずれることがありますので、熱が落ち着くまでは指でズレを整えてあげてください。
◎ 焼きたてのマシュマロはとろけるよう。冷めるとねっちりもっちりした食感を楽しめます。
◎ クッキーはトースターでも焼けます。160度で10分〜、様子を見ながら焼いてください。

ココアクッキースモアサンド

見た目はまるであの定番お菓子。
これを見た子どもたちの第一声は
「オレーだあああ！」でした（笑）。
甘いマシュマロとビターなココアクッキーを
楽しんでください。

作り方

1. ボウルにAを入れて泡立て器でぐるぐるまぜ、Bも入れてゴムベラでまぜ合わせる（そぼろ状になる）。

2. 水を入れてゴムベラでなじませるようにまぜ合わせ、手でこねてひとまとめにする。まとまりにくい場合は少量ずつ水（分量外）を足す。

3. ラップで包んで4mm厚さにのばし、5cmの丸い型で抜いて天板に並べる。170度のオーブンで14〜16分焼く。焼いている間にマシュマロを半分に切っておく。

4. 焼き上がったら、熱いうちにクッキーの半量にマシュマロをのせ、残りのクッキーでサンドして軽く押さえて接着する。そのまま冷ます。

オーブン

おからの
ザクザクスティック
トマト味

おからの
ザクザクスティック
コンソメ味

じゃがいもスティック

ぺぽmemo

◎ カットしたら切り離した生地を包丁でず
らしながら並べていくと、崩れにくいです。

◎ ほんのり焼き色がつくまで焼き、冷ます
ときは天板に置いたまま余熱でしっか
り乾燥させると、カリッと仕上がります。

おからのザクザクスティック
コンソメ味とトマト味

おからのおかげでザクザク食感に。手が止まらなくなる塩系おやつです。
コンソメ味とトマト味、作り方は同じです!

材料　各約20本

◎ コンソメ味

米粉…40g
生おから…40g
米油…10g
コンソメ顆粒
　　…小さじ1/2(2g)
塩…少々
水…10g

◎ トマト味

米粉…40g
生おから…35g
オリーブ油…10g
トマトケチャップ…20g
塩…少々
乾燥バジル…4振り

2種共通の下準備

● オーブンを160度に予熱する。

2種共通の作り方

1　ボウルにすべての材料を入れ、指先でほぐすようにまぜ合わせ、ギュッと握るようにひとまとめにする。まとまりにくければ少量ずつ水(分量外)を足す。

2　ラップで包んで5mm厚さの長方形にのばし、オーブンシートの上で7mm幅にカットし並べる。

3　天板にのせ、160度のオーブンで20〜22分焼き、とり出して天板の上で冷ます。

じゃがいも
スティック

「食べだしたらキリンがない」でおなじみのあのおやつを
「揚げず」に作りました。1人分だから食べすぎる心配もないですね。

材料　約25本

じゃがいも…1個(120〜140g)
にんじん…20g

A｜米粉…20g
　｜米油…5g
　｜塩…ひとつまみ(小さじ1/6)
　｜乾燥パセリ…3振り
　｜こしょう…1振り

作り方

1　じゃがいもは皮をむいて一口大に、にんじんは細かいみじん切りにして、一緒に耐熱ボウルに入れる。ふんわりとラップをかけて電子レンジで3〜4分、じゃがいもがやわらかくなるまで加熱する。

2　オーブンを170度に予熱する。

3　1があたたかいうちにフォークなどでつぶし、Aを入れてゴムベラでなじませるようにまぜ合わせてひとまとめにする。まとまりにくければ少量ずつ水(分量外)を足す。

4　ラップで包んで5mm厚さの長方形にのばし、オーブンシートの上で7mm幅にカットして並べる。

5　天板にのせ、170度のオーブンで28〜30分焼き、とり出して天板の上で冷ます。

オーブン

豆腐のハニー焼き チュロス

カリッ、モチッ! なチュロスを、揚げないどころか
ノンオイルで、材料4つで作れます。

材料　15個分

A　絹ごし豆腐…75g
　　はちみつ…20g
　　米粉…60g
　　塩…少々

B　はちみつ…5g
　　水…2g

下準備

● オーブンを190度に予熱する。
● 天板にオーブンシートを敷く。

作り方

1　ボウルにAを入れてよくまぜる。

2　星口の絞り袋に入れ、天板にしずく形に絞り出す。

3　190度のオーブンで16〜18分、表面が色づくまで焼く。Bを合わせておく。

4　熱いうちにBにチュロスの表面をさっとひたし、再度190度のオーブンで3分焼く。

ぺぽmemo

◎ 口金は8切り(ギザギザが8個あるもの)の星口を使ってください。セリアの絞り袋付属の星口か、市販の口金の8-5サイズがベストです。口が小さいサイズや、丸口タイプは食感が変わってしまうのでおすすめしません。

◎ 絞るときは薄くなったり細くなったりしないよう口金の太さに合わせて、ゆっくりたっぷり厚みを持たせて生地を絞り出します。

◎ 焼きすぎるとかたくなるので注意してください。

◎ あら熱がとれたころがいちばんカリッモチッ食感を楽しめます。時間がたつほどかたくなるので保存には向きません。

ポンデケージョ

外はサクッ、中はモチッと。
チーズたっぷりがたまりません。
豆腐が化けると人気のレシピです。

材料 12個分

A
- 絹ごし豆腐…100g
- オリーブ油…10g
- はちみつ…5g
- 粉チーズ…30g
- 塩…ひとつまみ
- 黒こしょう…6振り

B
- 米粉…80g
- ベーキングパウダー…3g

ピザ用チーズ…20g

下準備

- オーブンを180度に予熱する。
- 天板にオーブンシートを敷く。

作り方

1. ボウルにAを入れて豆腐がなめらかになるまでよくまぜる。
2. Bを入れて最初は切るようにまぜ、まざってきたらボウルにすりつけるようにして合わせる。チーズも入れてまぜる。
3. 12等分にし、丸めて天板に並べる。180度のオーブンで13〜14分焼く。

ぺぽmemo

◎ オリーブ油は米油やサラダ油でも代用可能です。

オーブン

カラメルシナモンビスケット

はじめて出合ったときからこのビスケットの大ファン。
なんとか家でも作れないかと何度も試作して
かなり似た感じにできました。

材料 15枚分

きび砂糖…20g
水…10g
湯…20g

A | メープルシロップ…10g
　| 米油…25g

B | 米粉…70g
　| 片栗粉…30g
　| きな粉…10g
　| シナモンパウダー…小さじ1/3
　| 塩…少々

作り方

1 カラメルを作る。フライパンにきび砂糖、水の順に入れ、中火にかける。ときどきゆすりながら砂糖をとかし、ブクブク煮立って茶色くなってきたら火を止め、湯を入れる(ぺぽmemo参照)。まぜとかしたらボウルに入れ、**A**と合わせて人肌まで冷ましておく。

2 オーブンを170度に予熱する。

3 ボウルに**B**を入れて泡立て器でぐるぐるまぜ合わせる。

4 **1**を、泡立て器でとろりとなじむまでよくまぜてから**3**に加え、ゴムベラで合わせてひとまとめにする。まとまりにくい場合は少量ずつ水(分量外)を足す。

5 オーブンシートにのせ、5mm厚さの15×15cmくらいにのばす。長方形にカットし、シートごと天板に移す。170度のオーブンで14〜15分焼き、天板にのせたまま冷ます。

ぺぽmemo

◎ カラメルの目安は、砂糖がとけて泡が勢いよく出る→泡がゆっくりねっとりになる→端のほうから色づき、煙が出始める→すぐ火を止めて湯を入れます。

◎ ここからさらに加熱するほど苦味が増します。ほろ苦が好みの方は少しだけ多めに加熱しても◎。

◎ カラメルに湯を入れたあと、かたまりができてしまったら、弱火にかけてあたためながらまぜるととけます。

フレッシュ果実のグミ

プチプチ、シャクシャク、ムチッ。
果実をムギュッととじ込めました。
手作りならではの
味わいと食感です。

冷蔵室

いちごグミ

材料 8個分

製氷皿1枚分
（10個どりの丸い製氷皿）

いちご…60g（正味）

A ｜ きび砂糖…5g
　　｜ レモン汁…5g

粉ゼラチン…5g
水…20g

キウイグミ

材料 8個分

製氷皿1枚分
（10個どりの丸い製氷皿）

キウイ…60g（正味）

A ｜ きび砂糖…5g

粉ゼラチン…5g
水…20g

りんごグミ

材料 8個分

製氷皿1枚分
（10個どりの丸い製氷皿）

りんご…60g（正味）

A ｜ はちみつ…10g
　　｜ レモン汁…10g

粉ゼラチン…5g
水…20g

3種共通の下準備

- 水に粉ゼラチンを振り入れてふやかしておく。
- 製氷皿に油（分量外）を薄く塗る。

3種共通の作り方

1　いちごとキウイは小さく切る。りんごはみじん切りにする。

2　それぞれ耐熱ボウルに入れ、**A**をからめる。いちごとキウイをフォークでつぶす。

3　いちごとりんごは電子レンジでラップなしで3分30秒、キウイは3分加熱する。

4　3が熱いうちに、ふやかしておいたゼラチンを入れてまぜる。製氷皿に流し入れて冷蔵室で1時間以上固める。

ぺぽmemo

- フルーツはいずれも皮やヘタを除いた正味量です。
- いちごとキウイは、ジャムのようなとろみがつくまで電子レンジで加熱してください。
- 冷やし固める時間が長いほど弾力が増します。
- 室温に出したままにするととけやすくなるので、冷蔵室で保存します。

冷蔵室

材料　4個分

むき甘栗…120g

A | 牛乳…40g
　 | メープルシロップ…20g
　 | バニラオイル…3滴

有塩バター…15g
スポンジ生地またはクッキーなど
　…直径5cmくらいの丸型4枚
粉糖…適量

下準備

● バターは室温でやわらかくしておく。

● むき甘栗はクリーム用で90g、飾り・
　芯にする甘栗*で30g（6個）に分ける。

＊芯にする甘栗はまるごと使う。
　大きければ半分に切る。

作り方

1　甘栗90gは手でざっくり砕き、**A**
　と一緒に耐熱ボウルに入れる。
　ラップをかけて電子レンジで1分
　加熱し、ブレンダーでペースト状
　にする。冷蔵室に入れ、人肌くら
　いまで冷ます。

2　バターをクリーム状になるまでねり、
　1に数回に分けて加えてまぜ合わ
　せる。冷蔵室で30分〜1時間、絞
　りやすいかたさになるまで冷やす。

3　冷やしている間に土台を用意する。
　スポンジ生地の場合は直径5cm
　の抜き型で4枚抜く。

4　星口の絞り袋に**2**を入れる。**3**に
　少し絞り、芯にする甘栗を置く。

5　芯の周りを巻きつけるようにクリー
　ムを円すい状に絞る。仕上げに
　粉糖を振る。これを4個作る。残
　りの甘栗2個を半分に切り、上に
　のせる。

from followers

> 甘栗でモンブランができるなんて、目からウロコです

> 100均で甘栗と絞り袋を買えば準備が整う、すごいです

甘栗の　メープルバター　モンブラン

マロンペーストや自家製渋皮煮を
準備しまー……せん！
安価で手に入る甘栗さまに
がんばってもらいましょう。
砂糖も生クリームも不使用です。

ぺぽmemo

◎ **1**が熱々の状態でバターと合わせ
　るととけてしまうので、人肌まで冷
　ましてください。少しならとけても
　OK。

◎ 使用した甘栗はダイソーの「こだわ
　りのむき甘栗」120g入りです。1
　袋をぴったり使い切れます。

◎ ブレンダーがない場合は、舌ざわり
　があらくはなりますが、裏ごしでも
　作れます。

電子レンジ

濃厚かため イタリアンプリン

四角いイタリアンプリンです。
秘密はスライスチーズ。
電子レンジでできる奇跡を実感してください。

材料

電子レンジ対応コンテナ(480ml)1個分

カラメル

A | きび砂糖…20g
  | 水…小さじ1(5g)

湯…大さじ1(15g)

プリン

粉ゼラチン…5g
水…25g

B | コーンスターチ(または米粉)…10g
  | きび砂糖…20g

卵…1個

C | 牛乳…220g
  | バニラオイル…3滴

スライスチーズ(とろけないタイプ)
…2枚(30～35g)

作り方

1 カラメルを作る。フライパンにAを入れて中火にかける。砂糖がとけて色づいたら火を止め、湯を入れてまぜる。あら熱がとれたらコンテナに流し入れて底全体に行き渡るようにし、冷蔵室に入れておく。

2 水にゼラチンを振り入れ、ふやかしておく。

3 耐熱ボウルにBを入れて泡立て器でまぜ、卵、Cの順に入れてそのつどよくまぜる。

4 電子レンジでラップなしで1分20秒加熱し、とり出してよくまぜる。同様に40秒×2回加熱し、そのつどよくまぜてなめらかにする。

5 4が熱いうちにちぎったチーズと2を入れ、よくまぜてとかす。

6 1の型に流し入れ、冷蔵室で2時間以上冷やし固める。

ぺぽmemo

◎ カラメルは熱々だと型がとけるので、冷ましてから入れてください。

◎ コーンスターチがない場合は同量の米粉でOK。コーンスターチのほうがなめらかなプリンらしい舌ざわりになり(おすすめ)、米粉だとねっとりしっかりとしたかたさになります。

◎ スライスチーズは「とろけない」タイプを使ってください。「とろける」タイプはとけにくいことがあります。

◎ 作り方4でとろみがつかない場合は、加熱時間を追加してください。

たまごとココアの蒸しパン

食欲そそるぷっくりまぁるい蒸しパンです。
作り方はどちらも同じです。

たまごの蒸しパン

材料 直径7cmココット5個分

- **A**
  - 卵…1個
  - 牛乳…45g
  - はちみつ…30g
  - 米油…10g
  - 塩…少々
- **B**
  - 米粉…90g
  - ベーキングパウダー…4g

バナナとココアの蒸しパン

材料 直径7cmココット6個分

バナナ…1本(正味80g)

- **C**
  - 卵…1個
  - 無調整豆乳…40g
  - メープルシロップ…20g
  - 塩…少々
- **D**
  - 米粉…85g
  - ココアパウダー…5g
  - ベーキングパウダー…4g

2種共通の下準備

- 深さのあるフライパンに1cm高さの湯を沸かす。

2種共通の作り方

1. たまごの蒸しパンは、ボウルに**A**を入れてまぜ合わせ、**B**も入れてよくまぜる。バナナとココアの蒸しパンは、ボウルにバナナを入れて泡立て器でつぶしてペースト状にする。**C**を入れてまぜ、**D**を入れてよくまぜる。

2. ココットにグラシンケースを入れて、生地を均等に入れてフライパンに並べ、ふきん(またはタオル)をかませてふたをし、弱火で10分蒸す。

ぺぽmemo

- どちらも、ベーキングパウダーをまぜたらなるべく早く蒸すのがふっくらさせるコツです。
- 湯が沸いてしっかり蒸気が上がっている状態でココットを入れます。
- バナナとココアの蒸しパンのバナナは、多少かたまりが残っても大丈夫です。また、メープルシロップのかわりにはちみつでもOK。

オーブン

わあ、かわいいです！
もう1回焼くとジャムが
安定するんですね

from followers

ジャムサンド クッキー

甘ずっぱいいちごジャムをクッキーでサンドしたら、
見た目もかわいらしいおやつに！
100均の型抜きでぜひ作ってみてください。

材料　直径5cm丸型5個分

A
- 米粉…45g
- 片栗粉…20g
- きび砂糖…20g
- アーモンドプードル…15g
- 塩…少々

米油…10g

B
- 卵黄…1個分
- 牛乳…5g〜
- バニラオイル…3滴

いちごジャム…約20g

下準備

- オーブンを170度に予熱する。
- 天板にオーブンシートを敷く。

作り方

1. ボウルにAを入れてまぜ、油を入れ、指先ですり合わせるように粉と油を合わせる。全体に油分がまんべんなく行き渡ればOK。

2. Bを入れて、指先ですり合わせるように合わせ、最後はこねてひとまとめにする。

3. 4mm厚さにのばし、2枚1組になるよう丸型で抜く。重ねる生地はまん中をひとまわり小さい型で抜く。

4. 天板に並べ、170度のオーブンで、上の生地は13分、下の生地は15分焼く。さわれるくらいまで冷めたら下のクッキーにジャムを塗り、上のクッキーを重ねる。

5. 再度天板に並べ、150度に下げたオーブンで6分焼き、指でやさしくジャムをさわってくっつかなければとり出して冷ます。

ぺぽmemo

- 生地がまとまらない場合は牛乳を、やわらかすぎる場合は米粉を少量ずつ様子を見ながら足して調整してください。
- 型抜きがしにくい場合は生地をのばした状態のまま、冷凍室に10分くらい入れるとしやすくなります。
- 作り方5は、すぐ食べる場合は省いても大丈夫です。低温で再度焼いて乾燥させることにより、しっかり接着されて表面も乾き、しけにくくなるのでプレゼント向きになります。

カルボナーラスコーン

チーズ、卵、ベーコンに黒こしょう!
まさにカルボナーラの組み合わせ。

甘くないスコーン、大好きです。
小さめなのもいいです!

材料 小さめ9個分

- A
  - プレーンヨーグルト…40g
  - 卵黄…1個分(20g)
  - 粉チーズ…20g
  - オリーブ油…15g
  - はちみつ…10g
  - にんにくすりおろし
    …1かけ弱分
  - 黒こしょう…10振り
- B
  - 米粉…100g
  - ベーキングパウダー…4g

スライスベーコン
（1cm角に切る）…20g

下準備

- オーブンを180度に予熱する。

作り方

1. ボウルにAを入れてまぜ、Bも入れてゴムベラで切るようにまぜ合わせる。ベーコンも合わせる。
2. 手でひとまとめにし、広げたオーブンシートの上で2cm厚さの正方形にする。
3. 2を9等分し、シートごと天板に移して等間隔に並べ、180度のオーブンで16〜17分焼く。

ぺぽmemo

◎ オリーブ油はサラダ油や米油でも代用可能です。
◎ 卵黄のかわりにといた全卵20gでも作れます。
◎ にんにくチューブでも代用可能です。

きび砂糖のスノーボール

アーモンドの風味たっぷり、卵・乳製品なし。
粉糖のかわりにきび砂糖をまぶして仕上げます。

材料 12個分

- A
  - 米粉…40g
  - アーモンドプードル…30g
  - きび砂糖…10g
  - 米油…15g
  - 水…10g
  - 塩…少々

きび砂糖(仕上げ用)
…約10g(大さじ1)

下準備

- オーブンを170度に予熱する。
- 天板にオーブンシートを敷く。

作り方

1. Aをゴムベラでまぜ合わせ、もみ込んでひとまとめにする。12等分にし、ギュッと握ってからやさしく丸めて天板に並べる。
2. 170度のオーブンで25〜27分焼き、天板にのせたまま完全に冷ます。
3. 仕上げ用のきび砂糖と一緒にポリ袋に入れ、シャカシャカ振ってまぶす。

ぺぽmemo

◎ 生地は崩れやすいので、最初にギュッと握って固めてください。
◎ 焼けてすぐは中心がやわらかいですが、冷めるにつれてサクほろ感が出ます。

低カロリーで食べやすい!

罪悪感ゼロおやつ

おやつが食べたいけれど、カロリーが気になるし……
という方のために作りました!
ヘルシーでじんわり、ほっとするおやつをどうぞ。

電子レンジ

ヘルシーティラミス

安くて手に入りやすい材料、
電子レンジで作った苦めのコーヒー生地との組み合わせで、
ぐっとティラミス感が出ます。

材料

電子レンジ対応コンテナ(480ml)1個分

コーヒー生地

ラム酒または水…10g
インスタントコーヒー…10g

A | 卵…1個
　　 | 米粉…35g
　　 | はちみつ…15g
　　 | ベーキングパウダー…3g

クリーム

B | 絹ごし豆腐…150g
　　 | プレーンヨーグルト…150g
　　 | はちみつ…30g
　　 | バニラオイル…3滴

ココアパウダー(仕上げ用)…適量

作り方

1 コーヒー生地を作る。ラム酒または水を耐熱ボウルに入れ、電子レンジでラップなしで10秒加熱してあたためる。コーヒーを振り入れてとかし、**A**も入れてよくまぜる。

2 コンテナに流し入れ、型ごとトントンと数回、台の上に落として空気を抜く。ふんわりとラップをかけ、電子レンジで2分加熱する。型からとり出し、網にのせてラップをせずに冷ます。

3 **B**を別のボウルに入れ、ハンドブレンダーでなめらかにする。

4 **2**を横に3枚スライスする。型に生地を敷き、**3**の1/3量を流し、さらに生地を重ね、クリーム→生地……の順で交互に重ねていく。冷蔵室で2時間冷やしてなじませる。

5 表面にココアパウダーを振って仕上げる。

ぺぽmemo

◎ クリームはブレンダーを使うとなめらかになりますが、泡立て器でまぜるだけでもOK。最後にザルでこすとよりなめらかになります。

◎ バニラオイルはバニラエッセンスでもいいですが、なくてもできます。入れたほうがより豆腐のにおいが気にならなくなります。

◎ ベストな冷やし時間は2時間です。それ以上だと水分がさらにしみ込んで生地がふくらみ、クリーム部分は少なくなりますが、クリーム自体は濃厚になります。

冷蔵室・電子レンジ

from followers

トッピングしなければ、究極のゼロカロリースイーツですね！

レンジで1人分寒天

完全なるギルティフリーなおやつが、レンチンして冷やし固めるだけでできちゃいました。

材料
電子レンジ対応コンテナ（480ml）1個分

水…150g

粉寒天…小さじ1/2（1g）

トッピング…あんこ、きな粉、はちみつなど好みで

作り方
1. コンテナに水と粉寒天を入れてよくまぜ合わせ、電子レンジでラップなしで2分加熱する。
2. とり出してまぜ、再度レンジで1分加熱し、とり出したら10秒よくまぜる。冷蔵室で1時間以上冷やし固める。
3. 食べやすい大きさに切って器に盛り、好みで具材をトッピングする。

ぺぽmemo
◎ 寒天液はレンジの中でブクブクと煮立たせる必要があります。
◎ 加熱後は熱くなっているので注意してください。

緑茶と甘納豆のウーロンキュウ

甘納豆が透けて見える涼しげな和菓子ができました。緑茶が甘納豆の甘さをやわらげていいあんばいに。

材料
製氷皿1枚分（10個どりの丸い製氷皿）

緑茶（ペットボトル）…200g

粉寒天…2g

甘納豆…45g

作り方
1. 製氷皿に甘納豆を入れる。
2. 耐熱ボウルに緑茶と粉寒天を入れてまぜ、電子レンジでラップなしで2分加熱する。とり出してまぜ、再度レンジで1分加熱し、とり出したら10秒ほどよくまぜる。1に静かに流し入れてふたをする。
3. 冷蔵室で2時間以上しっかり冷やし固める。
4. ふたをそっととりはずし、つまようじを寒天の周囲に差し入れてとり出す。

ぺぽmemo
◎ ふたをすると寒天液があふれるので、製氷皿の下にバットを敷いておくといいです。

from followers

> 生おからをどうしようか迷っていて、このレシピにたどり着きました。どハマりしてしまい、今日も作って、もう5回目です

オーブン

おからのザクザククッキー

ザクザク食感で食べる手が止まらない。おからならではのザクザク感がたまらないです。

材料　約22枚分

- 生おから…30g
- 米粉…30g
- きび砂糖…20g
- ベーキングパウダー…2g
- 塩…少々
- 米油…15g

下準備

- オーブンを170度に予熱する。
- 天板にオーブンシートを敷く。

作り方

1. ボウルにすべての材料を入れる。指先でほぐすようにまぜ合わせ、手で押さえてひとまとめにする。まとまりにくければ水（分量外）を足す。
2. 小さじ1/2程度の1をスプーンですくい、天板にのせる。軽く押さえて5mm厚さくらいにつぶし、170度のオーブンで20〜22分焼く。天板の上で冷ます。

ぺぽmemo

◎ 生おからの水分量によって入れる水の量が変わります。ギュッと押さえてまとまるなら、水は入れなくても大丈夫です。

パリパリ！おからのねぎみそチップス

天板に大きく焼いて、パキパキ割って食べます。食感とねぎみそ味のおかげで止まらない……！

材料　1人分

- 生おから…30g
- 米粉…30g
- 米油…10g
- みそ…5g
- 小ねぎ（小口切り）…10g（約1〜2本分）

下準備

- オーブンを160度に予熱する。

作り方

1. ボウルにすべての材料を入れる。指先でほぐすようにまぜ合わせ、手で押さえてひとまとめにする。まとまりにくければ水（分量外）を足す。
2. オーブンシートにのせ、ラップをかぶせて2mm以下に薄くのばす。フォークで全体に穴をあける。
3. シートごと天板に移して160度のオーブンで18〜20分、全体がきつね色になるまで焼く。天板の上で完全に冷ます。

ぺぽmemo

◎ ばらけやすいのでギュッと押さえつけてのばし、できるかぎり薄くします。

◎ 冷めるとパリパリになります。

食欲がないとき、体調がすぐれないときに
からだにやさしい栄養おやつ

ウチでは子どもが熱を出すなど食欲が落ちたとき、これなら食べられる〜というレシピがあります。それがこの2品。ぜひお役立てください。

オーブン・フライパン

はちみつプリン

卵と豆乳または牛乳のタンパク質、消化吸収のいいはちみつの力で、少しでも栄養補給を！豆乳と牛乳、どちらでも作れるようにしました。

材料　直径7cmココット4個分

無調整豆乳または牛乳…200g
卵…1個
はちみつ…30g

下準備

- 湯煎焼き用の湯（約50〜60度）を準備する。
- オーブンを160度に予熱する。

作り方

1. 豆乳または牛乳を鍋に入れて火にかけ、ふちが小さくふつふつしてくるまであたためる（50〜60度くらい）。目安としては、さわれるけどあちっとなるくらい。

2. あたためている間に、卵とはちみつをボウルに入れてよくまぜ合わせ、1を少しずつ入れながらまぜる。ザルでこす。

3. 天板に並べたココットに均等に流し入れ、豆乳の場合は1つずつアルミホイルでふたをする。

4. 天板全体に行き渡るくらいの湯を注ぎ入れる。オーブンの温度を150度に下げて、豆乳なら18〜20分、牛乳なら12〜13分焼く。ゆらしてみて、表面に膜が張ってふるふるしていたら焼き上がり。冷蔵室で2時間以上しっかり冷やす。

ぺぽmemo

- 豆乳、牛乳ともに沸騰させないようにしてください。
- 牛乳で作る場合はアルミホイルはかぶせなくても大丈夫です。
- 容器の大きさやオーブンによって焼き時間は変わるので、調整してください。表面の膜が一部液状になっていたら焼き時間を追加してください。
- 甘みが足りなければ、はちみつをあとから追加でかけてください。

はちみつ にんじん蒸しパン

体調を崩した子のからだに負担が少ないように、ノンオイル・グルテンフリー・シュガーフリーで作った蒸しパンです。

材料 直径7cmココット5個分

にんじん…50g

A
- 卵…1個
- はちみつ…25g
- 無調整豆乳…20g
- レモン汁…3g
- 塩…少々

B
- 米粉…90g
- ベーキングパウダー…4g

下準備

- ココットにグラシンケースを入れておく。
- 深さのあるフライパンに1cm高さの湯を沸かす。

作り方

1. ボウルににんじんをすりおろし、**A**を入れてよくまぜる。
2. **B**を入れてまぜ、ココットに均等に流し入れる。
3. フライパンに並べ、ふきんをかませてふたをし、弱火で11〜12分蒸す。

ぺぽmemo

◎ くっつきやすい生地なので、「シリコン加工耐油紙」と表記されたグラシンケースがおすすめです（p.9参照）。

◎ はちみつのかわりにメープルシロップでもOK。

生クリーム、卵白、卵液
余りがちな材料救済レシピ

半端に残るのはちょっと……ということで、
全部使い切れるレシピをお届けします！

チーズケーキ風アイス

冷凍室
207万再生
3.4万保存

SNSで大バズリした
余り生クリーム救済レシピです。
目安として配合量を記載してありますが、
テキトーで大丈夫。
好きなものを刻んで入れて、
好きなだけシャカればOK！

材料 200mlパックの場合

生クリーム…50g
プレーンヨーグルト…25g
はちみつ…10g
レーズン…10g
くるみ…10g

作り方

1 レーズンとくるみは刻む。

2 パックに入ったままの生クリームの口をしっかり閉めて、100回振る。

3 パックに残りの材料をすべて入れて、さらに100回振る。パックごと冷凍室で凍らせる。

from followers

余りというか、
これ目的でやっています！ 天才やん！
まさかのシャカシャカ。しかも洗い物がなく
汚れもしない神レシピ

いちごの ショートケーキ風 アイス

デコレーションケーキの材料が余ったらアイスにしてください。
材料はざっくり目安。だいたいおいしくなります。

材料
200mlパックの場合

生クリーム…50g
いちごジャム…25g
牛乳…25g
余りスポンジ、ロールケーキの
切れ端など(あれば)…適量

作り方

1. パックに入ったままの生クリームにジャムを入れ、口をしっかり閉めて100～150回振る。(モタッとした手ごたえを感じたらOK)

2. 牛乳を入れてさらに100回振る。

3. 細かく切ったスポンジを入れて、まざる程度に数回振り、パックごと冷凍室で凍らせる。

ぺぽmemo

◎ パックを切り裂き、切り分けて召し上がってください。

◎ 分量は、余った生クリームの量によって調整してください。多少アバウトに作ってもだいたいおいしくできるので大丈夫。

◎ いちごジャムはペクチン入りのもの使用で。生クリームを固めてもったりさせる働きがあります。

◎ 生クリームの余りが70g以上の場合はパックだとあふれてしまうので、ふたがしっかり閉まるタイプの容器に移しかえて作ってください。

◎ スポンジなしでもおいしいです。甘さはジャムを足すなどして調整してください。

オーブン

余り卵白・卵液救済

> from followers
> 卵白を泡立てなくていいなんて最高 卵白2個分で大量生産しました。好きな味すぎます

ほうじ茶ナッツクッキー

アーモンドとほうじ茶の香ばしさがよく合う、素朴でほっとする味のクッキーです。

材料 約20個分

- A
  - 卵白…1個分(30〜35g)
  - 米粉…30g
  - きび砂糖…15g
  - 米油…10g
- アーモンド(あらく刻む)…20g
- ほうじ茶ティーバッグ…1袋(2g)

下準備

- オーブンを160度に予熱する。
- 天板にオーブンシートを敷く。

作り方

1. Aをよくまぜ合わせ、アーモンドも入れてまぜる。ほうじ茶ティーバッグの中身を入れてまぜる。
2. 1を小さじ1/2程度スプーンですくい、天板に間隔をあけてこんもり落とす。
3. 160度のオーブンで、全体に焼き色がつくまで22〜24分焼く。天板にのせたまま冷ます。

ぺぽmemo

◎ 素焼きアーモンドを使うと香ばしく仕上がります。生の場合はローストするといいです。

パリパリごませんべい

卵白だけ余っちゃうこと、ありませんか？せっかくならお菓子で使い切りたい……ということで考えました！

材料 約30枚分

- 卵白…1個分(30〜35g)
- 米粉…20g
- きび砂糖…10g
- いりごま…15g
- ごま油…小さじ1
- しょうゆ…小さじ1/2

下準備

- オーブンを160度に予熱する。
- 天板にオーブンシートを敷く。

作り方

1. ボウルにすべての材料を入れてまぜ合わせる。
2. 1を小さじ1/2程度すくい、天板に間隔をあけて落とす。
3. 天板の裏からパンパンとたたいて生地を薄く広げ、160度のオーブンで、全体に焼き色がつくまで17〜19分焼く。天板にのせたまま冷ます。

ぺぽmemo

◎ 薄く広げたほうがパリッとします。まん中がこんがりするまで焼いてください。
◎ 油はなんでもいいですが、ごまの風味が香ばしいごま油がおすすめです。

半端な卵液があったら こっそり１人分の楽しみを作ろう

卵は余ってもそんなに困らないかもしれませんが、この本では、
全部使い切る！のがテーマなので、
こちらのレシピでぜひおいしく使い切ってください。

トースター・フライパン

スプーンで作る ミニパンケーキ

大さじ小さじで気軽に作れるミニパンケーキです。
積み上げてもかわいいです。

材料　直径5cm 約7枚分

- A
  - 米粉…大さじ6（54g）
  - 牛乳…大さじ2（30g）
  - はちみつ…大さじ1/2（10g）
  - とき卵…1/2個分（約25g）
  - ベーキングパウダー…小さじ1/2（2g）
- 米油…適量

作り方

1. Aを上から順にボウルに入れ、まぜる。
2. 熱したフライパンに油を塗り、生地をスプーン1杯分ずつ落として弱火で両面焼く。
3. いちごやバター、はちみつを好みで飾る。

１人分 ココットキッシュ

子どもたちがいない、
1人のお昼にさっと作っているのがこちら。
トースターですぐできちゃいますよ。

材料　直径7cmココット1個分

- A
  - とき卵…1/2個分（約25g）
  - 牛乳…15g
  - こしょう…適量
- ベーコン…5g
- ミニトマト…2個
- ピザ用チーズ…5g
- 乾燥パセリ…適量（好みで）

作り方

1. Aをまぜ合わせ、ココットに入れる。ベーコンとミニトマトは食べやすい大きさに切って入れる。
2. チーズをのせ、200度（1000W）のトースターで10分焼く。仕上げにパセリを散らす。

ぺぽmemo
- 入れる具材は火の通りやすいものなら他におきかえ可能です。好みでどうぞ。

ぺぽmemo
- 生地の分量はだいたいで大丈夫です。
- 甘さ控えめなのではちみつやメープルなどを合わせるのがおすすめです。

うまくいかないときの対策 −2−
Q&A

Part 2では、人気のおやつを
たくさん紹介したので、
もしかしたら倍量で
作りたくなるかもしれません。
そんなときは、オーブンの使い方に
注意が必要です。

Q. 焼き菓子を倍量で
作って焼いたら、
レシピの時間では
火が通りませんでした。

A. オーブンに入れる量が
ふえると焼き時間も
ふえます。

　お風呂に1人で入るときより大勢で入ったときのほうが湯温は早く下がりますよね？　それと同じで、オーブンに入れる量によって焼き時間が変わります。
　クッキーをレシピの倍量で作る場合は焼き時間は長くなり、数枚程度だと短い時間で焼き上がる、といった具合です。焼き色の様子を見て、焼き時間を調整してみてください。

Q. 何分追加してもプリンが
固まらないんですが……。

A. オーブンの開閉を繰り返すことにより、
庫内温度が下がったためと
考えられます。

　様子を見るために長い時間ドアをあける、開閉を繰り返すなどすると、庫内温度が再び上がり切る前にドアをあけることになります。これではなかなか焼き上がりませんよね。
　ドアの開閉はできるだけ短い時間で、かつ最小限に、追加する場合は2分以上焼き時間をふやすなどの工夫をしてみてください。特に低温で湯煎焼きするプリンやチーズケーキは温度の影響を受けやすいので、注意してください。

Q. 一度にたくさん作りたいのですが、
倍量にしても大丈夫ですか？

A. クッキーやマフィンなど、個数が
ふやせるものは倍量にしやすいです。

　同じ型でもう1個作る、クッキーやスコーンの個数をふやして一気に焼き上げたいときは、焼き時間をふやすことで対応できます。倍量にするなら最初から2分多めに設定して様子を見る、途中で天板の前後を入れかえて、火の通りを均一にするなどの調整も必要です。

Part 3

誰かに食べて
もらいたくなる

簡単なのに
お店レベルの
おやつ

このPartでは、みんながよく知っている
定番の焼き菓子ばかりを集めてみました。
最後のほうではSNSで大バズリした
ロールケーキやデコレーションケーキも。
記念日にぜひ挑戦してみてください。

おやつにも、朝食にも、
甘いのも、塩味のも
マフィン

手軽に作れるおやつとして
人気のマフィン。卵なしや、
フルーツや野菜など
バリエーションふやしておきました。

from followers

バナナマフィン、さっそく作りました。
栄養豊富なバナナを
まるごと使えてシアワセ

ヨーグルトマフィン、
朝食に作りました。
やさしい甘みで
おいしかったです

from followers

オーブン

たさじ小さじで作る
卵なしの
ヨーグルトマフィン

大さじか小さじだけでぐるぐるまぜればすぐ！
やさしい甘さのシンプルマフィンです。

材料

直径6.5cm マフィン型3個分

A 米粉…大さじ7（63g）
きび砂糖…大さじ2（18g）
ベーキングパウダー…小さじ1弱（3g）
塩…少々

B プレーンヨーグルト…大さじ2（30g）
牛乳…大さじ2（30g）
米油…大さじ1（14g）

下準備

● オーブンを180度に予熱する。

● 型にグラシンケースを入れておく。

作り方

1 ボウルに**A**を入れてスプーンでまぜ、**B**も入れてよくまぜる。

2 型に均等に流し入れる。型ごとトントンと数回、台の上に落として空気を抜いて表面をならし、180度のオーブンで21〜23分焼く。

ぺぽmemo

◎ あら熱がとれてほんのりあたたかいくらいが食べごろです。外はサクッと中はやわらかな食感を楽しめます。

◎ 米粉大さじ7（63g）のうち20g分だけアーモンドプードルにおきかえるとふわふわ感が増し、香りよく仕上がります。好みでお試しください。

子どもと作れる
バナナマフィン

外はサクッと、中はふんわりしっとり。
お子さんと一緒に作るのはいかがでしょう。

材料

直径6.5cm マフィン型4個分

バナナ…1本（正味100g）

A 卵…1個
米油…10g
はちみつ…10g
塩…少々

B 米粉…80g
ベーキングパウダー…4g

下準備

● オーブンを180度に予熱する。

● 型にグラシンケースを入れておく。

作り方

1 バナナは80gを分けてボウルに入れ、泡立て器でつぶしてペースト状にする。残り20gのバナナは飾り用としてとっておく。

2 ボウルに**A**を入れてよくまぜ、**B**も入れてまぜる。

3 型に均等に流し入れる。型ごとトントンと数回、台の上に落として空気を抜いて表面をならし、飾り用のバナナをスライスしてのせる。

4 180度のオーブンで21〜23分焼く。

ぺぽmemo

◎ 完熟バナナを使うのがおすすめです。

◎ 流し入れた生地はマフィン型ギリギリの高さになります。

◎ 小さいバナナだった場合は、飾りなしでOK。十分おいしく仕上がります。

オーブン

フルーツの
マフィン

りんごたっぷりマフィン

皮ごとりんごをまるっと1個使い切り。生地に果汁をしっかりまぜ込んでぜいたくな味わいに！

材料　直径6.5cm マフィン型5個分

りんご…1個（正味200g）
はちみつ…20g
塩…少々

A ｜ 卵…1個
　 ｜ 米油…10g

B ｜ 米粉…80g
　 ｜ ベーキングパウダー…4g

下準備

● 型にグラシンケースを入れておく。

作り方

1. りんごは皮ごと8等分のくし形切りにし、芯は除く。横に5mm幅に切る。
2. 耐熱ボウルに**1**、はちみつ、塩を入れてふんわりとラップをかけ、電子レンジで3分30秒加熱する。別のボウルを用意してザルでこし、汁を30gとる。足りない場合は果肉をギュッと押して搾り出す。冷蔵室であら熱がとれるまで冷ます。
3. オーブンを180度に予熱する。
4. **2**の汁に**A**を入れ、全体がなじむまで泡立て器でよくまぜる。**B**を入れてまぜる。
5. **2**のザルから飾り用に果肉を数個とり出し、残りは**4**に入れてよくまぜ合わせる。
6. 型に均等に流し入れ、型ごとトントンと数回、台の上に落として空気を抜いて表面をならし、果肉のりんごをのせる。
7. 180度のオーブンで21〜23分、焼き色がつくまで焼く。

> **ぺぽmemo**
> ◎ りんごは、ぶくぶくと煮立って汁けが出るくらい加熱してください。

いちごとクリームチーズのマフィン

SNSで募集して誕生したのがこちら。焼いて酸味の増したいちごをチーズが包み込んでまろやかに！

材料　直径6.5cm マフィン型5個分

A ｜ 卵…1個
　 ｜ メープルシロップ…35g
　 ｜ 牛乳…30g
　 ｜ 米油…15g
　 ｜ 塩…少々

B ｜ 米粉…80g
　 ｜ ベーキングパウダー…4g

いちご…100g
クリームチーズ…45g
粉糖（好みで）…適量

下準備

● いちごは2.5粒だけ縦4等分にし（飾り用）、残りは小さく刻む。
● クリームチーズは1cm程度の角切りにする。
● 型にグラシンケースを入れておく。
● オーブンを180度に予熱する。

作り方

1. ボウルに**A**を入れ、全体がなじむまで泡立て器でよくまぜる。
2. **B**を入れてまぜ、刻んだいちごも合わせる。
3. 型に均等に流し入れ、型ごとトントンと数回、台の上に落として空気を抜いて表面をならし、飾り用のいちごとチーズをのせる。
4. 180度のオーブンで23〜25分焼く。冷めたら好みで粉糖を振る。

> **ぺぽmemo**
> ◎ いちごの水分があるので日もちはしません。その日のうちに冷蔵室に入れて、翌日中に食べ切るようにしてください。

野菜の マフィン

キャロットマフィン

キャロットケーキを手軽にマフィンにしました。
スパイスと具材たっぷりで香りよし、食感よしの幸せ。

材料　直径6.5cm マフィン型5個分

- A
  - 卵…1個
  - 米油…15g
  - はちみつ…15g
  - きび砂糖…10g
  - 塩…少々
- にんじん…100g
- B
  - 米粉…100g
  - ベーキングパウダー…4g
  - シナモンパウダー…小さじ1/2
  - その他のスパイス…好みで（ぺぽmemo参照）
- くるみ（あらく刻んでフライパンで空いり）…25g
- レーズン…25g
- 粉糖（好みで）…適量

下準備

- にんじんは50g分をすりおろし、残りはみじん切りにする。
- 型にグラシンケースを入れておく。
- オーブンを180度に予熱する。

作り方

1. ボウルにAを入れ、全体がなじむまで泡立て器でよくまぜる。にんじんも入れてまぜる。
2. Bを入れてまぜ、くるみとレーズンも入れてまぜ合わせる。
3. 型に均等に流し入れ、型ごとトントンと数回、台の上に落として空気を抜いて表面をならす。
4. 180度のオーブンで22〜24分焼く。とり出して網の上で冷まし、好みで粉糖を振る。

ぺぽmemo

- シナモン以外のスパイスは好みで。ナツメグ、カルダモンを2振りずつ入れるとおいしいです。スパイスなしでも作れます。
- にんじんのみじん切りはできるだけ細かくしましょう。

かぼちゃカレーマフィン

カレーとかぼちゃのおかげで元気なビタミンカラー。
ハムとチーズが加わってお惣菜系マフィンに！

材料　直径6.5cm マフィン型5個分

- かぼちゃ（皮ごと）…加熱後100g
- A
  - 卵…1個
  - 牛乳…50g
  - メープルシロップ…10g
  - 米油…10g
  - 塩…ひとつまみ（小さじ1/6）
- B
  - 米粉…80g
  - カレー粉…小さじ1(2g)
  - ベーキングパウダー…4g
- ハム（1cm角に切る）…2〜3枚(15g)
- ピザ用チーズ…20g
- 乾燥パセリ…適量

下準備

- 型にグラシンケースを入れておく。

作り方

1. かぼちゃはラップをかけて、電子レンジで3分ほど加熱する。やわらかくしたかぼちゃをボウルに入れ、泡立て器でつぶす。
2. オーブンを180度に予熱する。
3. Aを入れて全体がなじむまでよくまぜ、Bを入れてまぜる。ハムを入れる。
4. 型に均等に流し入れ、型ごとトントンと数回、台の上に落として空気を抜いて表面をならし、チーズをのせる。
5. 180度のオーブンで25〜27分焼く。仕上げにパセリを振る。

ぺぽmemo

- 水分が多めのかぼちゃの場合は牛乳を少なめにして調整してください。
- 焼きたてもいいですが、時間をおくほどにハムの塩けがなじんでおいしいです。

【マフィンの保存について】 焼き菓子なのでプレーンマフィンであれば常温OKですが、本書のレシピのように野菜や果物をまぜ込んだものは水分が出て傷みやすいため、室温が高い時期は冷蔵室での保存が安心です。冷えてかたさが気になる場合は、食べる前に電子レンジで10秒ほどあたためてください。

絵本みたいな分厚いパンケーキ

憧れていましたよね、あの分厚いパンケーキ。
外側はサクッ、中はもっちりふわっふわな米粉のパンケーキを焼いて、
家族に自慢しちゃいましょう。

フライパン

ふかふかパンケーキ

どの家にもある材料だけで、ふんわりかさ高いパンケーキが焼けちゃいます。
みんなの定番になったらうれしいです。

材料　4枚分

- **A**
  - 卵…1個
  - 牛乳…65g
  - きび砂糖…20g
  - 米油…5g
  - 塩…少々
- **B**
  - 米粉…100g
  - ベーキングパウダー…4g

米油…適量
好みでバター、はちみつ…各適量

作り方

1. ボウルにAを入れ、全体がなじむまで泡立て器でよくまぜる。Bを加えてしっかりまぜる。
2. フライパンに油を熱し、キッチンペーパーで全体に広げる。
3. 直径8cmくらいに広がるよう生地を流し入れ、中弱火で40秒焼く。その上に残りの生地をこんもりとのせるように流し入れ、さらに2分焼く。
4. 焼き色がついたらひっくり返し、ふたをして弱火で3分焼く。器に盛り、好みでバター、はちみつを添える。

ぺぽmemo

- 生地を入れる前のフライパンはしっかりあたためてください。
- 厚みを作るには、生地を2回に分けて焼くのがコツ。最初に流す生地で土台を作って焼き固め、残りの生地をこんもりのせるように流し入れます。これにより横に広がるのを防ぎ、縦に分厚くふくらませることができます。

\ベーキングパウダーなし!/
ふわふわパンケーキ

メレンゲをしっかり泡立てると、ベーキングパウダーなしでも
舌ざわりのなめらかな極上パンケーキになります。

> ベーキングパウダーなしで
> こんなにふわふわ、感動!
>
> from followers

材料 3枚分

- **A** 卵黄…1個分
  牛乳…50g
  米粉…50g
- **B** 卵白…1個分
  きび砂糖…15g
- 米油…適量

作り方

1. ボウルに **A** を入れてまぜ合わせる。
2. 別のボウルに **B** を入れ、ハンドミキサーでメレンゲを作る。ツノの先端がやわらかくおじぎするまで泡立てる。
3. **1** に **2** をひとすくい入れて、泡立て器でさっくり合わせたら、**2** のボウルにすべて加える。同じようにまぜ合わせる。最後にゴムベラでまぜる。
4. フライパンに油を熱し、キッチンペーパーで全体に広げる。生地を落として、弱火で3〜4分焼いて焼き色がついたらひっくり返し、ふたをしてさらに2分焼く。

ぺぽmemo

◎ 砂糖を最初から一気に入れることで、ハンドミキサーのパワーでしっかりした強いメレンゲを立てることができます。

◎ 泡立て器を使う場合は、砂糖は3回に分けて入れてください。

◎ あればバニラオイルを2〜3滴入れると風味がよくなります。

オーブン

あっさり、ヘルシーで大優勝！
しっとりふわシュワ、スフレ

絹ごし豆腐をベースにしたスフレを2つお届けします。どちらも軽くて、しっとり、
ふわふわ、シュワシュワと、口の中でほどけてやみつきになります。

137万再生
1万保存

材料　直径12cm丸型1台分

A | 絹ごし豆腐…100g
　 | 卵黄…1個分
　 | きび砂糖…15g
　 | ココアパウダー…15g
　 | バニラオイル…3滴

B | 卵白…1個分
　 | きび砂糖…20g

粉糖(好みで)…適量

from followers

罪悪感のない材料で、
しかも簡単なのに、
シュワッと食感を楽しめるのに
感動しました

豆腐のショコラスフレ

豆腐で作るので、罪悪感なしのレシピです。
あっさりしていて軽いから、
うっかり全部食べちゃったーって場合も
ダメージは軽い！

豆腐の抹茶スフレ

豆腐のショコラスフレの抹茶バージョンです。
片栗粉を加え、しっかりしたケーキ感のある生地。
これでヘルシーとか、ずるすぎる……。

2種共通の下準備

- 型にオーブンシートで作った型紙を敷く。
- オーブンを170度に予熱する。

2種共通の作り方

1 Aをハンドブレンダー用の容器に入れてなめらかにし、ボウルに移す（ブレンダーがない場合はぺぽmemo参照）。

2 別のボウルにBを入れて合わせ、ハンドミキサーでメレンゲを立てる。ツノの先端がやわらかくおじぎするくらいが目安。

3 1に2をひとすくい加えてまぜ合わせ、残りも加えて下からすくうようにさっくりやさしくまぜ合わせる。メレンゲが見えなくなったらゴムベラに持ちかえて合わせる。

4 型に流し入れ、型ごとトントンと数回、台の上に落として空気を抜き、表面をならす。170度のオーブンで26～28分焼く。

5 焼けたら型ごと冷蔵室で一晩冷やす。型からとり出して好みで粉糖を振る。

材料　直径12cm丸型1台分

A｜絹ごし豆腐…100g
　｜卵黄…1個分
　｜きび砂糖…15g
　｜片栗粉…10g
　｜抹茶パウダー…5g

B｜卵白…1個分
　｜きび砂糖…20g

粉糖（好みで）…適量

ぺぽmemo

◎ 豆腐のショコラスフレは、バニラオイルがなくてもできますが、入れると豆腐のにおいがやわらぎます。

◎ ハンドブレンダーがない場合は泡立て器でしっかり撹拌してザルでこしてください。豆腐の粒は多少残ります。

◎ 焼き上がりすぐはふくらみがあり、オーブンから出すと冷めるにつれて少ししぼみますが、これで正解です。

◎ できれば半日以上冷蔵室で冷やすと、生地がなじんでなめらかになります。

◎ 冷蔵室で保存し、作った翌日に食べ切ってください。

焼き菓子代表、超定番レシピが手軽に
こんがりパウンドケーキ

定番の焼き菓子の中でも、
一度は作ってみたいのがパウンドケーキですよね。
SNSでずっと上位人気を保つレシピ2つを紹介します。

オーブン

> この金塊、サイコーです。まぜるだけで簡単なのに、ふわふわでかぼちゃのやさしい甘さ
> from followers

53.5万再生
2万保存

0円おやつ！ かぼちゃの種

かぼちゃの種って、ナッツのかわりに使えるって知っていました？

作り方

1 かぼちゃの種はワタを除き、アルミホイルの上に広げて、風通しのいい所に置いて表面を乾燥させる。

2 外皮の上から右半分(もしくは左半分)をハサミで切る。切り込みのところから裂いてむき、実をとり出す。(パウンドケーキにのせて焼く場合はこのまま使えます)

3 アルミホイルで包み、トースターで4～5分加熱する。「パチッ」という音がしたら電源を切り、音がしなくなるまで放置する。

黄金のはちみつ パウンドケーキ

表面はこんがり、断面は食欲をそそる
黄金色！ バター不使用なのに
このリッチ感。

材料

パウンドケーキ型（18×9×6cm）1台分

A
卵…2個
はちみつ…50g
米油…30g
プレーンヨーグルト
…30g
塩…少々
バニラオイル…3滴

B
米粉…110g
ベーキングパウダー
…4g

下準備

● 型にオーブンシートで作った型紙を敷き込む。
● オーブンを180度に予熱する。

作り方

1 ボウルに**A**を入れ、全体がなじむまで泡立て器
   でよくまぜる。

2 **B**を入れてまぜ、型に流し入れ、型ごとトントン
   と数回、台の上に落として空気を抜き、ならす。

3 180度のオーブンで28〜30分焼く。5〜10分
   焼いた時点でいったんとり出し、まん中にナイ
   フで切り目を入れて戻す。

4 焼き上がったら型ごと台の上に落として蒸気を
   抜き、型からとり出す。型紙をはがして網の上
   で冷ます。

ぺぽmemo

◎ 作り方**3**で切り目を入れることによって、まん中
   に割れ目を作ることができます。

◎ はちみつのメーカーによってしっとり感が強く
   なったり、ふんわりしたり、仕上がりに差が出
   ます。

◎ 冷めたらラップで包んで乾燥を防いでください。

かぼちゃの パウンドケーキ

時間がたってもかたくならないしっとり
やわらかな生地。これぞ理想の仕上がり……！
何度も作ってたどり着いた自信作です。

材料

パウンドケーキ型（18×9×6cm）1台分

かぼちゃ（皮ごと）
…加熱後150g

A
卵…2個
きび砂糖…30g
はちみつ…15g
米油…20g
塩…少々

B
米粉…120g
ベーキングパウダー
…4g
シナモンパウダー
…2振り

パンプキンシード
（好みで）…適量

下準備

● 型にオーブンシートで作った型紙を敷き込む。

作り方

1 かぼちゃは皮ごとラップで包み、電子レンジで
   3〜4分加熱してやわらかくする。熱いうちに泡
   立て器で皮ごとつぶす。

2 オーブンを180度に予熱する。

3 **1**に**A**を入れてよくまぜ、**B**も入れてまぜる。型
   に流し入れ、型ごとトントンと数回、台の上に落
   として空気を抜き、ならす。まん中をよけて好み
   でパンプキンシードを並べ、180度のオーブン
   で35〜38分焼く。

4 5分焼いた時点でいったんとり出し、まん中にナ
   イフで切り目を入れて戻す。

5 焼き上がったら型ごと台の上に落として蒸気を
   抜き、型からとり出す。型紙をはがして網の上
   で冷ます。

ぺぽmemo

◎ しっとりもっちりした仕上がりです。かぼちゃ
   の水分量によっても仕上がりが変わります。

◎ 冷めたらラップで包んで乾燥を防いでください。

オーブン

玉ねぎとツナの ごちそうケークサレ

ツナ缶のうまみがたっぷりしみ込んで
トロットロにあま〜くなった玉ねぎが
もうたまらないおいしさ！！

from followers
> 味見のつもりがほとんど自分の
> おなかに……あれ……？明日も作ります。
> 大好きなキッシュみたいで
> 何本でもペロリできそうです

41.6万再生
1.4万保存

材料

パウンドケーキ型(18×9×6cm)1台分

A
- 卵…1個
- ツナ缶(オイル漬け)…1缶(70g)
- 牛乳…40g
- きび砂糖…10g
- 塩…ひとつまみ(小さじ1/6)

B
- 米粉…90g
- ベーキングパウダー…4g

玉ねぎ…100g
ピザ用チーズ…20g
黒こしょう…適量

下準備

- 玉ねぎは横半分に切ってから繊維に沿って5mm幅に切る。
- 型にオーブンシートで作った型紙を敷き込む。
- オーブンを180度に予熱する。

作り方

1. ボウルにAを入れて泡立て器で全体がなじむまでよくまぜる。ツナ缶はオイルごと入れる。

2. Bを入れてよくまぜ、玉ねぎもまぜ合わせる。

3. 型に流し入れ、型ごとトントンと数回、台の上に落として空気を抜き、表面をならす。チーズを散らしてこしょうを振り、180度のオーブンで36〜38分焼く。

4. 焼き上がったら型ごと台の上に落として蒸気を抜き、型からとり出す。型紙をはがして網の上で冷ます。

ぺぽmemo

◎ ツナ缶の油脂を利用するので、必ずオイル漬けを使ってください。水煮缶だと仕上がりが変わってしまいます。

◎ 新玉ねぎで作るとトロトロに仕上がります。旬の時季はぜひ作ってみてください。

> さすが元パティシエのレシピ、めっちゃおいしくできました
>
> *from followers*

オーブン

材料
パウンドケーキ型(18×9×6cm)1台分

バナナ…2本(正味150〜160g)

A
卵…1個
米粉…100g
ベーキングパウダー…4g
塩…ひとつまみ(小さじ1/6)

下準備
● 型にオーブンシートで作った型紙を敷き込む。
● オーブンを180度に予熱する。

作り方
1 ボウルにバナナを入れて泡立て器でつぶす。**A**を入れ、よくまぜ合わせる。

2 型に流し入れ、型ごとトントンと数回、台の上に落として空気を抜き、表面をならす。180度のオーブンで35〜37分焼く。5〜10分焼けた時点でいったんとり出し、まん中にナイフで切り目を入れて戻す。

3 焼き上がったら型ごと台の上に落として蒸気を抜き、型からとり出す。型紙をはがして網の上で冷ます。

ぺぽmemo

◎ 完熟バナナを使うのがおすすめです。

◎ スライスしてトースターで表面がうっすら色がつくまで焼くと、外はサクッと、中はやわらか。食パントーストのような食感を楽しめます。

◎ 1日たつとかたくなるので、作った当日に食べるのがおすすめ。

材料5つ！
もちもちバナナブレッド

材料5つでもちもちバナナブレッドの完成です！
食パンみたいな感覚で食べられます。
少し塩をきかせたほうがおいしい。

とっておきレシピを蔵出し！

濃厚×さっぱり、とろける×しっとりチーズケーキ

根強い人気を誇るチーズケーキのうち
特に気に入っている3種をセレクトしました。

オーブン

濃厚×さっぱり！ はちみつチーズケーキ

504万再生
9.3万保存

低温でじっくり焼く湯煎焼きならではの、
ねっとりとろけるチーズケーキです。
クリームチーズの濃厚さを水きりしたヨーグルトが
さっぱりまとめています。

材料

パウンドケーキ型(18×9×6cm)1台分

クリームチーズ…200g

A｜プレーンヨーグルト…250g
（水きり後150g）
卵…1個
はちみつ…50g
米粉…10g

下準備

● ヨーグルトは水きりする。ザルに
キッチンペーパーを敷き、ヨーグ
ルトをのせる。ラップをして5時
間以上放置し、150gになるまで
水きりする。150gに足りなけれ
ばホエー（水きりで出た水分）を足す。

● 型にオーブンシートで作った型
紙を敷き込む。

● 湯煎焼き用の湯(50〜60度)を準
備する。

● オーブンを140度に予熱する。

作り方

1 ボウルにチーズを入れ、ゴムベラでなめらかに
なるまでねる。**A**を順に入れ、そのつどよくま
ぜる。

2 生地をザルでこす。型に流し入れ、型ごとトン
トンと数回、台の上に落として空気を抜く。

3 天板にのせてオーブンに入れ、天板全体に行
き渡るくらいの湯を注ぎ入れる。130度に下げ
たオーブンで45〜50分湯煎焼きする。

4 あら熱がとれたら型ごと冷蔵室に入れ、一晩
しっかり冷やす。

ぺぽmemo

◎ 予熱は140度ですが、焼くときは130度なので
注意してください。

◎ 残ったホエーはパンケーキの生地に牛乳のか
わりに入れたり、みそ汁に入れてもいいです。

◎ できたてよりも一晩冷やして生地を落ち着か
せたほうが断然おいしいです。せめて半日は
冷やしましょう。りんごのキャラメルチーズケー
キ(p.82)、かぼちゃのベイクドチーズケーキ(p.83)
も同様です。

from followers

この口どけ、
ギリギリ固まった
ムース的な食感、でも濃厚。
罪悪感も少なくて
鬼リピ確定です

オーブン

りんごのとろけるキャラメルチーズケーキ

甘いりんごとビターなキャラメルが相性抜群！
クリーミーでとろける食感もたまりません。

材料
直径12cm丸型1台分

- A
  - りんご…1/2個（正味120g）
  - きび砂糖…5g

- きび砂糖…40g
- 水…10g
- 湯…30g
- はちみつ…10g
- クリームチーズ…150g

- B
  - 卵…1個
  - プレーンヨーグルト…40g
  - 米粉…5g

- ビスケット…50g
- 有塩バター…15g

下準備
- 型にオーブンシートで作った型紙を敷き込む。
- ビスケットは袋に入れて上からめん棒を転がし、粉々に砕く。電子レンジにラップなしで20秒かけてとかしたバターを袋に入れてまぜ、型の底にギュッと敷き詰めて冷蔵室で冷やしておく。

作り方

1. りんごは皮をむき、4等分のくし形切りにしてからさらに横に4等分にする。耐熱ボウルに**A**を入れて合わせ、ふんわりとラップをかけ、電子レンジで3分加熱する。そのまま冷ます。

2. キャラメルを作る。フライパンにきび砂糖、水の順に入れて中火にかける。ときどきゆすりながら砂糖をとかし、全体が茶色くなったら火を止める。湯を入れ、耐熱ゴムベラでよくまぜる。はちみつを入れてまぜ合わせ、人肌くらいまで冷ます。

3. オーブンを170度に予熱する。

4. ボウルにチーズを入れ、ゴムベラでなめらかになるまでねる。**2**、**B**を上から順に入れ、そのつど泡立て器でよくまぜる。

5. 型に汁けを切った**1**を並べ、生地をザルでこして流し入れる。型ごとトントンと数回、台の上に落として空気を抜き、170度のオーブンで37～39分焼く。あら熱がとれたら型ごと冷蔵室に入れ、一晩しっかり冷やす。

ぺぽmemo

- 作り方**2**でキャラメルのかたまりができてしまった場合は、弱火であたためながらまぜてとかすと消えます。小さいつぶつぶなら、焼いている間になじんで消えますので、気にしなくても大丈夫。
- クリームチーズはねる段階でダマをなくしておいてください。まぜるたびに周りをゴムベラでこそげとるとダマができにくいです。
- りんごを並べるときは中心を避けて置くと、あとでカットしやすいです。
- ビスケットのかわりにサクサクメープルクッキー(p.23)でもいいですよ。

かぼちゃのしっとりベイクドチーズケーキ

なめらかとろける食感が自慢のかぼちゃのチーズケーキです。
しっとり生地に仕上がります。

材料　直径12cm丸型1台分

かぼちゃ…加熱後150g
クリームチーズ…150g

A │ 卵…1個
　│ メープルシロップ…50g
　│ 牛乳…40g

ココアビスケット…60g
有塩バター…15g

下準備

- 型にオーブンシートで作った型紙を敷き込む。
- ビスケットは袋に入れて上からめん棒を転がし、粉々に砕く。電子レンジにラップなしで20秒かけてとかしたバターを袋に入れてまぜ、型の底にギュッと敷き詰めて冷蔵室で冷やしておく。

作り方

1 かぼちゃは皮ごとラップをかけて、電子レンジで3〜4分加熱してやわらかくする。皮を除いて正味150gとり、フォークでつぶして冷ます。

2 オーブンを170度に予熱する。

3 ボウルにチーズを入れ、なめらかになるまでねる。**1**、**A**を上から順に入れ、そのつど泡立て器でよくまぜる。

4 ザルでこして型に流し入れる。型ごとトントンと数回、台の上に落として空気を抜き、170度のオーブンで30〜32分焼く。あら熱がとれたら型ごと冷蔵室に入れ、一晩しっかり冷やす。

ぺぽmemo

◎ ココアビスケットを手作りする場合は、スモアサンドのココアクッキー(p.42)を参照してください。

型なしで折りたんで作る
サクサク最高！型なしタルト

型を使わないから気楽にできて洗い物も少ない！
サクサクで、お店みたいなタルトができます。

オーブン

季節をたっぷり フルーツタルト

クラスト、カスタードクリーム、
季節のフルーツさえあれば
お店級のおやつの完成！

材料

直径15cm 丸型1台分

クラスト（p.87）…1台分
カスタードクリーム（p.87）…全量
いちじく、ネクタリン、りんご、シャインマスカット、
　種なしぶどうなど、好みのフルーツ…適量

下準備

● p.87を参照してカスタードクリームを作る。
● p.87を参照してクラストを焼く。

作り方

1　いちじく、ネクタリンはくし形に切る。りんごは
　3〜5mmのくし形に4枚切り出し、重ねた状態
　のまままん中で2等分にする。少しずらして扇形
　にしておく。

2　クラストに、ほぐしてなめらかにしたカスタード
　クリームを入れて敷きのばし、こんもりとなるよ
　うフルーツを並べる。

ぺぽmemo

◎ あれば、ジュレを塗ると見た目がワンランク
　アップ！

ツヤ出しジュレの作り方
水20gに粉ゼラチン2gを振り入れてふやか
し、電子レンジでラップなしで20秒加熱して
とかす。とろみがつく程度まで冷ましたら、
ハケでフルーツに塗る。

パインと クリームチーズの タルト

フィリングにトッピング、サクサクのタルトの
組み合わせがおいしすぎます！

材料

直径15cm 丸型1台分

タルト生地（焼いてないもの・p.87）…1台分

アーモンドクリーム（フィリング）

A ｜ とき卵…25g（1/2個分）
　　｜ プレーンヨーグルト…20g
　　｜ きび砂糖…20g
　　｜ アーモンドプードル…15g
　　｜ 米油…15g
　　｜ 米粉…5g

缶詰パイナップル（スライス）…2枚（約70g）
クリームチーズ…50g

下準備

● p.87のクラストの作り方**1〜4**の天板にのせる
　までを作っておく。
● オーブンを170度に予熱する。
● パインは1枚を8等分にし、キッチンペーパー
　にのせて水けをとる。
● チーズはさいの目に切る。

作り方

1　**A**をすべてまぜ合わせ、タルト生地に入れる。

2　チーズの2/3量を全体に散らし、押し込む。そ
　の上にパインを並べ、残りのチーズを散らす。

3　170度のオーブンで40〜45分、アーモンドクリー
　ムに焼き色がつくまで焼く。

ぺぽmemo

◎ 焼けてあら熱がとれたころに食べるのもいい
　ですし、冷蔵室で冷やして食べてもおいしい
　です。

いちごのカスタードタルト

タルト生地とアーモンドクリームで
卵はぴったり使い切れます。
カスタードのかわりに生クリームにしたり、
他のフルーツを飾ってアレンジするのも◎。

材料 直径15cm丸型1台分

タルト生地(p.87)…1台分
アーモンドクリーム(p.85)…全量
カスタードクリーム(p.87)…全量
いちご…2/3パック
粉糖(仕上げ用)…適量

下準備

- p.87と同様にカスタードクリームを作り、冷蔵室で冷やしておく。
- オーブンを170度に予熱する。

作り方

1 タルト用クラストの作り方1〜3(p.87)と同様に作り、底にフォークで穴を数カ所あける。

2 パインとクリームチーズのタルトの作り方1(p.85)と同様に、アーモンドクリームを作り、1に入れる。

3 170度のオーブンで35〜37分焼き、冷ます。

4 完全に冷めたら、ほぐしてなめらかにしたカスタードクリームをこんもりとのせ、半分にカットしたいちごを並べる。仕上げに粉糖を振る。

ぺぽmemo

◎ しっかり冷やしてからカットするとうまくいきます。

型なしタルト用クラスト

ざっくり雑に作っても大丈夫。
なんとなくタルト形になれば成功です！

材料
直径15cm丸型1台分

- A
  - 米粉…60g
  - アーモンドプードル…15g
  - 片栗粉…15g
  - きび砂糖…15g
  - 塩…少々
- B
  - とき卵…25g(1/2個分)
  - 米油…20g

下準備
- オーブンを170度に予熱する。

作り方

1. ボウルにAを入れてまぜ、Bも入れてゴムベラでまぜ合わせる。手でこねてひとまとめにする。まとまりにくい場合は少量ずつ水（分量外）を足す。

2. オーブンシートをくしゃっと丸めてから広げ、1を置く。

3. めん棒で直径約20cmの大きさにのばし、シートごと持ち上げて周りの生地を内側に折りたたみ、直径15cmの大きさにする。生地を指でつまんで土手を作る。

4. 底にフォークで穴を数カ所あけ、シートごと天板にのせる。170度のオーブンで31〜33分焼く。

5. シートごととり出し、網の上で冷ます。

ぺぽmemo
- 卵はフォークでしっかりといてから計量してください。
- 土手を作るのがむずかしければ、パタンと内側に折りたたむだけでもOKです。

レンジで作れる カスタードクリーム

電子レンジで手軽に作れるクリームです。タルトの残りの卵で半量のカスタードが作れます。やってみて！

材料　＊（ ）内は半量の場合

- A
  - コーンスターチまたは米粉…15g(7g)
  - きび砂糖…25g(12g)
- 卵…1個(25〜30g)
- B
  - 牛乳…140g(70g)
  - バニラオイル…3滴(2滴)
- 有塩バター…4g(2g)

作り方

1. 耐熱ボウルにAを入れてまぜ、卵、Bの順に入れてそのつどよくまぜる。

2. 電子レンジでラップなしで1分加熱し、とり出してまぜる。全体が均一になったら再びレンジに入れ、30秒加熱後まぜる、を2回繰り返し、さらに20秒加熱後まぜる、を4〜5回繰り返す（ぺぽmemo参照）。

3. バターを加えてまぜる。バットの上にラップを敷き、クリームを平らに広げる。上からラップをぴったりかぶせて冷蔵室で冷ます。

ぺぽmemo
- おすすめはコーンスターチですが、なければ米粉でもOKです。コーンスターチはつるりと舌ざわりがなめらか、米粉はねっとり仕上がります。
- 電子レンジで5回目の加熱(20秒)が終わるとギュッと固まりますが、まだ加熱不足です。さらに加熱し続けると手ごたえが軽くなり、とろりとなめらか(コシが切れた状態)になったら加熱終了です。
- 固まり始めたら、ダマにならないようしっかりぐるぐるまぜてください。
- 半量を作る場合の加熱時間は以下。
  1回目加熱：30秒　　2〜3回目加熱：20秒
  4〜5回目加熱：10秒　6〜8回目加熱：20秒
- バターなし、牛乳を豆乳にしてもできます。あっさりめのお味に仕上がります。

オーブン

from followers

バターも小麦粉もなしで、
ココまでできるなんて！
ロールケーキ、憧れてました！
作れて感動！！

ふわしゅわ
しっとりの感動を

ロールケーキ

SNSに投稿した瞬間から
問い合わせが殺到した
ふわしゅわしっとりな口どけの
ロールケーキです。
作りやすいようにめんどうな手順は
省いて簡略化しました。

ふわしゅわ ミニロールケーキ

基本のプレーンです。卵2個分で作る、食べきりサイズのかわいいロールケーキができます。

156万再生
5.5万保存

材料

ベーキングトレー（外寸32.5×23cm）1枚分

- **A** 卵黄…2個分
  - 牛乳…20g
  - 米油…15g
- **B** 米粉…30g
- **C** 卵白…2個分
  - きび砂糖…40g
- 生クリーム…70g
- 練乳…5g
- 粉糖（仕上げ用）…適量

下準備

- オーブンシートで23×17.5cmの型紙を作る。ベーキングトレーに油（分量外・適量）を薄く塗り、型紙をぴったり敷き込む。すき間は棒状にしたアルミホイルなどを置いて埋める。
- オーブンを180度に予熱する。

作り方

1 ボウルに**A**を入れてよくなじむまでまぜ、**B**も入れてまぜる。

2 別のボウルに**C**を入れ、ハンドミキサーでメレンゲを立てる（弾力があり、ツノの先端がやわらかくおじぎするくらい）。低速で1分回してキメを整える。

3 メレンゲひとすくいを**1**に加え、さっくりまぜ合わせたらメレンゲのボウルに戻し入れる。

4 泡立て器で下からすくい上げるようにまぜ合わせる。

5 メレンゲの筋が見えなくなったらゴムベラに持ちかえてきれいに合わせる。

6 型に流し入れ、平らにする。台の上に型ごとトントンと落として空気を抜き、天板にのせて180度のオーブンで11分30秒焼く。

7 焼けたら型ごと台に落として蒸気を抜き、網の上にとり出す。あら熱がとれたら側面をはがしオーブンシートをかぶせる。

8 生クリームと練乳を合わせ、泡立て器ですくっても落ちないかたさまで泡立てる。

9 生地が冷めたらひっくり返してシートをはがし、焼き面が上になるよう返す。

10 クリームを全体に塗り広げる。巻き終わりの部分だけ少なめにする。

11 手前の生地を折り曲げて芯を作り、巻いていく。

12 シートを巻きつけ、ラップでくるみ、冷蔵室で1時間以上冷やしてなじませる。

13 端を切り落として食べやすい大きさにカットし、仕上げに粉糖を振る。

ぺぽmemo

◎ 室温の高い時期は、卵白は使う直前まで冷凍室に入れて冷やしておくとキメの細かい状態のいいメレンゲができます。

◎ クリームの練乳は、砂糖やはちみつにおきかえてもできます。

◎ あればロールを巻く際、下にシリコンシートを敷くと滑り止めになります。

◎ レシピでは、生地の厚みを出すためにベーキングトレーより型紙を小さくしています。少し薄めに仕上がりますが、トレーの大きさに合わせて焼くことも可能です。下記を参考にしてください。

焼き時間11分30秒→11分
生クリーム70g→80g

◎ 型の詳しい作り方やレシピの手順はYouTubeにアップしているロールケーキの動画を参考にしてみてください。

きな粉のロールケーキ

きな粉の香ばしさ広がる自慢の生地で
クリームとあんこを巻きました。
和テイストな組み合わせ……最高です!

材料

ベーキングトレー（外寸32.5×23cm）1枚分

A	卵黄…2個分 牛乳…20g 米油…15g	フィリング 生クリーム…70g はちみつ…5g あんこ…60g
B	米粉…25g きな粉…10g	きな粉(仕上げ用)…適量
C	卵白…2個分 きび砂糖…40g	

下準備

● オーブンシートで23×17.5cmの型紙を作る。ベーキングトレーに油(分量外・適量)を薄く塗り、型紙をぴったり敷き込む。すき間は棒状にしたアルミホイルなどを置いて埋める。

● オーブンを180度に予熱する。

まるごと バナナロール いちごロール

一年中作れてうれしいバナナロールと、旬の季節だけのごほうびいちごロール。フルーツをたっぷり巻いて召し上がれ。

材料
ミニロールケーキ1本分

ロール生地…1枚
生クリーム…70g
練乳…5g

バナナ…1〜2本または
　いちご…7〜9粒
粉糖(仕上げ用)…適量

作り方

1　ロールケーキの作り方1〜10(p.89〜90)まで同様に作る。

2　バナナは3〜4等分に切り、まっすぐになるよう向きを変えながら手前側に並べる。いちごはヘタをとり、頭とお尻が互い違いになるように手前側に並べる。

3　手前の生地からフルーツごとぐるっと巻き込み、手でキュッと締めて形を整える。

4　オーブンシートをぴったり巻きつけ、ラップでくるみ、冷蔵室で1時間以上冷やす。カットして、仕上げに粉糖を振る。

作り方

1　ロールケーキの作り方1〜7(p.89)と同様に作る。

2　生クリームとはちみつを合わせ、泡立て器ですくっても落ちないかたさまで泡立てる。

3　あんこはラップでくるみ、生地の横幅に合うよう棒状に形を整える。

4　生地が冷めたら返してオーブンシートをはがし、焼き面が上になるよう返す。クリームを全体に塗り広げる。巻き終わりの部分だけ少なめにする。

5　手前にあんこを置き、おおいかぶせるように生地を折り曲げて芯を作り、巻いていく。

6　シートをぴったり巻きつけ、ラップでくるみ、冷蔵室で1時間以上冷やしてなじませる。

7　端を切り落として食べやすい大きさにカットし、仕上げにきな粉を振る。

71.3万再生
1.4万保存

ぺぽmemo

◎ 生地は少し薄めに仕上がりますが、トレーの大きさに合わせて焼くことも可能です。

ベーキングトレーに合わせる場合の変更点
焼き時間11分30秒→11分
生クリーム70g→80g
あんこは気持ち多めに

オーブン

感動の米粉のショートケーキ

私がいつも使っている業務スーパーの米粉でずっと納得いくものができず
封印していましたが、やっと、やっと……! おいしいものができました。
私の中の最低ライン、「1cmスライスが3枚とれる高さ」もギリクリア。
デコレーションケーキをお届けします。

デコレーション

材料

直径15cm 丸型1台分
*( )内は12cmの場合

- **A** 湯…30g(20g)
  きび砂糖…3g(2g)
- **B** 生クリーム…250g(170g)
  きび砂糖…10(6g)

いちご…1〜2パック

下準備

- いちごは形のよいものを残し、あとは5mm幅にスライスする。

作り方

1. スポンジ生地は焼き面を切り落とし、3枚にスライスする。**A**をまぜてシロップを作り、冷ます。

2. **B**を合わせ、ボウルを氷水にあてて冷やしながらハンドミキサーで泡立てる。

3. **1**で切り分けたいちばん下の生地の底の面を上にして置き、**1**のシロップを塗る。残り2枚の生地は両面に塗る。

4. **2**のクリームといちごを生地でサンドしていちごを飾る。

5. 厚さが均等になるようにケーキの表面に**2**を塗る。クリームを絞ってデコレーションし、いちごを飾る。

ぺぽmemo

◎ 生クリームはあとからかたさ調整できるよう、最初はゆるめに泡立てておきます。サンド用はかために、表面に塗る用はゆるめと覚えておきましょう。

米粉のジェノワーズ（スポンジケーキ）

材料　直径15cm丸型1台分

A｜卵黄…2個分
　｜牛乳…30g
　｜米油…15g
　｜バニラオイル…3滴

米粉…50g

B｜卵白…2個分
　｜きび砂糖…40g

下準備

- 型にオーブンシートで作った型紙を敷き込む。
- オーブンを170度に予熱する。

作り方

1 ボウルにAを入れ、泡立て器でなじむまでまぜ、米粉も入れてまぜる。

2 別のボウルにBを入れてまぜ、ハンドミキサーの高速でメレンゲを作る。

3 もっちりとした弾力があり、ツノがやわらかくおじぎするくらいになったら、低速で1分ほど回して気泡のキメを整える。

4 泡立て器で3からひとすくいとって、1に入れてまぜ合わせたら、3のボウルにすべて加える。泡立て器で下からすくい上げるようにさっくりまぜ合わせる。

5 メレンゲが見えなくなったらゴムベラに持ちかえ、生地にツヤが出るまでさらに30〜40回ほどまぜる。

6 型に流し入れ、型ごとトントンと数回、台の上に落として空気を抜き、生地の表面をならし、170度のオーブンで27〜30分焼く。

7 表面を手で軽く押してみて、反発があるようなら焼き上がり。型ごと台の上に打ちつけて蒸気を抜き、とり出す。

8 網の上で1分ほどおいたら型紙をはがし、まだあたたかいうちにラップでぴったりくるんで冷ます。

ペぽmemo

◎ 型はどちらの大きさでも同じ時間で焼けます。15cmの型は高さ3.5cm、12cmの型は高さ5.5cmのものができます。

◎ 12cmで作る場合は、側面に貼るオーブンシートは型から2〜3cmはみ出るようにしてください（焼成中にあふれるのを防ぐため）。

◎ 時間がたつにつれてメレンゲの気泡がつぶれていくので、手早く合わせるのが重要です。

◎ 焼きかげんの目安は、表面を軽く押して生地が戻ってくるかどうか（反発してくるか）です。生焼けの場合は「ジュッ」という音と感触があり、指の跡がついたまま戻らない状態になります。

◎ スライスは完全に冷めてから。冷蔵室でしっかり冷やしてから切るとやりやすいです。

◎ 冷凍可能です。使うときは自然解凍してください。

うまくいかないときの対策 —3— Q&A

Part 3は手作りお菓子の定番レシピを
たくさんご紹介しました。
少しむずかしく感じたところも
あったでしょうか。
うまくいかないときの
ポイントをまとめました。

Q. パウンドケーキがうまくふくらみません。

A. 焼き時間が少し足りなかったのかもしれません。

左下の写真右がうまく焼き上がったもの、左は焼き時間が足りずしぼんでしまったので、中ほどでくびれができてしまいました。焼き上がりの確かめ方は、竹串を刺すだけではわかりにくいので手の感触と焼き色でも判断します。

上から手でそっと押さえてみて弾力があること、割れ目にまでしっかり焼き色が入っていること、この2点をチェックしてみてください。オーブンのクセによっても焼き時間は変わってきますので、記載の時間はひとつの目安として考えてください。

Q. メレンゲがうまく作れないです……。

A. 「ベーキングパウダーなし！ ふわふわパンケーキ」（p.73）や「ふわしゅわミニロールケーキ」（p.88〜90）のメレンゲを作るときのポイントをまとめました。あとは練習、実践あるのみ！

ポイント
- 器具はきれいなものを使います。卵黄や油脂がついていると泡立ちません。
- ボウルに入れた卵白のフチがしゃりっとするくらい冷えたものを使います。卵白は直前まで冷凍室に入れておきましょう。

この状態を目指して！
- ボウルをひっくり返しても動かない、もちもちとした弾力とツヤがある。
- ピンとツノは立つけれど、先端はちょこんとやわらかくおじぎする。

NG例
- ツヤがなくボソボソしているのは泡立てすぎ。
- 下の写真は泡立て不足。もう少しがんばって。

吸水率の違いで困ったら！試しに買った米粉救済

どの米粉でも作りやすい
おやき

外はパリッと焼き目が香ばしく、
中はもっちり食感が
魅力のおやき。
豆腐で調整するので、
どんな米粉でも作れる
アバウトOKレシピです。

材料 6個分

米粉…80g
豆腐…90g〜
　（ぺぽmemo参照）
高菜、あんこ、
　ハム&チーズなど、好みの具材…約120g（1個あたり20g）
米油…適量
水…50g

作り方

1. 米粉と豆腐をこねて、耳たぶくらいのかたさにする。
2. 生地を6等分にし、具材を包む。閉じ目を下にして、平たくなるように軽くつぶす。
3. 熱したフライパンに油をひき2を並べる。中火で焼き色がついたらひっくり返し、水を加えてふたをして、弱めの中火で6分蒸し焼きにする。
4. ふたをとって火を強めて水分をとばし、焼き色がつくまで焼く。

ぺぽmemo

◎ 豆腐は、絹ごし豆腐、木綿豆腐のどちらでもOKです。

◎ 詰める具材は、かぼちゃの煮物や切り干し大根などお惣菜もおすすめ。

◎ 米粉が変わることで調整したいのは豆腐の量です。成形してひび割れない、包みやすいかたさになるようにします。下記の量を参考にしてください。

メーカー違いの米粉80gに対する豆腐の量(目安)
業務スーパーの米粉　　90g
共立食品「米の粉」　　80g
波里「お米の粉」　　　100g〜

室崎さゆり（ぺぽ）

製菓専門学校卒業後、パティシエとして洋菓子店に6年勤務。お菓子の世界からいったん離れるも、砂糖・油控えめのほっとするお菓子をSNSで発信して注目を集め、SNS総フォロワー数は10万人を超える。スーパーや100均で手に入る身近な材料と道具を使いながら、味や食感にこだわった元パティシエならではのレシピが人気。くすっと笑えるショート動画にもひそかにファンが多い。男児2人の母、福岡県在住。

Instagram　https://www.instagram.com/pepokabocha3/
YouTube　https://www.youtube.com/@pepooyatu
アメブロ　https://ameblo.jp/kabo1234cha

STAFF

装丁・デザイン	ナラエイコデザイン
撮影	佐山裕子（主婦の友社）、室崎さゆり
編集	綛谷久美
DTP制作	天満咲江（主婦の友社）
編集担当	宮川知子（主婦の友社）

ほぼ100均道具で
パティシエ級おやつ

2025年1月10日　第1刷発行

著　者　室崎さゆり（ぺぽ）
発行者　大宮敏靖
発行所　株式会社 主婦の友社
　　　　〒141-0021
　　　　東京都品川区上大崎3-1-1 目黒セントラルスクエア
　　　　電話　03-5280-7537（内容・不良品等のお問い合わせ）
　　　　　　　049-259-1236（販売）
印刷所　株式会社広済堂ネクスト

© Sayuri Murozaki 2024　Printed in Japan　ISBN978-4-07-460084-7

Ⓡ〈日本複製権センター委託出版物〉
本書を無断で複写複製（電子化を含む）することは、著作権法上の例外を除き、禁じられています。本書をコピーされる場合は、事前に公益社団法人日本複製権センター（JRRC）の許諾を受けてください。また本書を代行業者等の第三者に依頼してスキャンやデジタル化することは、たとえ個人や家庭内での利用であっても一切認められておりません。
JRRC〈https://jrrc.or.jp　eメール:jrrc_info@jrrc.or.jp　電話:03-6809-1281〉

■ 本のご注文は、お近くの書店または
　 主婦の友社コールセンター（電話0120-916-892）まで。
＊お問い合わせ受付時間　月～金（祝日を除く）　10:00～16:00
＊個人のお客さまからのよくある質問をご案内しております。